A
saudade
de Deus

Dados Internacionais de Catalogação na Publicação (CIP)
(Câmara Brasileira do Livro, SP, Brasil)

Boff, Leonardo
    A saudade de Deus : a força dos pequenos / Leonardo Boff. –
Petrópolis, RJ : Vozes, 2020.

    Bibliografia.
    ISBN 978-85-326-6267-5

    1. Igreja e pobres 2. Mulheres na Igreja 3. Teologia da Libertação
4. Teologia social I. Título.

19-28620   CDD-261.8

Índices para catálogo sistemático:
1. Teologia da Libertação : Teologia social :
    Cristianismo   261.8

Cibele Maria Dias – Bibliotecária – CRB-8/9427

Leonardo Boff

A saudade de Deus

A força dos pequenos

EDITORA VOZES

Petrópolis

© by Animus/Anima Produções Ltda.
Caixa Postal 92.144 – Itaipava
25741-970 Petrópolis, RJ
www.leonardoboff.com

Direitos de publicação em língua portuguesa:
2020, Editora Vozes Ltda.
Rua Frei Luís, 100
25689-900 Petrópolis, RJ
www.vozes.com.br
Brasil

Todos os direitos reservados. Nenhuma parte desta obra poderá ser reproduzida ou transmitida por qualquer forma e/ou quaisquer meios (eletrônico ou mecânico, incluindo fotocópia e gravação) ou arquivada em qualquer sistema ou banco de dados sem permissão escrita da editora.

CONSELHO EDITORIAL

Diretor
Gilberto Gonçalves Garcia

Editores
Aline dos Santos Carneiro
Edrian Josué Pasini
Marilac Loraine Oleniki
Welder Lancieri Marchini

Conselheiros
Francisco Morás
Ludovico Garmus
Teobaldo Heidemann
Volney J. Berkenbrock

Secretário executivo
João Batista Kreuch

Editoração: Maria da Conceição B. de Sousa
Diagramação: Sheilandre Desenv. Gráfico
Revisão gráfica: Fernando Sergio Olivetti da Rocha
Capa: Érico Lebedenco

ISBN 978-85-326-6267-5

Editado conforme o novo acordo ortográfico.

Este livro foi composto e impresso pela Editora Vozes Ltda.

Sumário

Prefácio – Qual é o nosso lugar no conjunto dos seres?, 7

Primeira parte – Teologia pública: fé e política, 13
1 Deslocamento do cristianismo do centro para a periferia, 15
2 A proposta do cristianismo de libertação, 19
3 A partir dos pequenos: a nova Teologia da Libertação, 29
4 Uma crucificação que não conhece fim, 35
5 Mesmo não podendo crer em Deus, são santas, 39
6 Defender os irmãozinhos invisíveis debaixo da terra, 44

Segunda parte – Os pobres desafiam o mundo e a cultura, 51
1 Princípios de uma ética mundial mínima, 53
2 A dignidade da Mãe Terra, titular de direitos, 62
3 O poder: seus usos e abusos, 68
4 A gentileza como virtude e como paradigma, 75
5 Os pobres desafiam o *status quo* vigente, 79
6 A violência na sociedade e na natureza, 84

Terceira parte – A missão das mulheres: garantir a vida, 91
1 O feminino é primeiro, anterior ao masculino, 93
2 O Gênesis reescrito: a desconstrução do matriarcado pelo patriarcado, 99

3 Indicações para um equilíbrio dos gêneros, 104
4 Deus: Pai maternal e Mãe paternal, 109
5 As mulheres despertaram a dimensão de *anima* em Jesus, 114
6 A salvaguarda da vida passa pelo poder das mulheres, 121

Conclusão – O caminho adiante, 125

Prefácio

Qual é o nosso lugar no conjunto dos seres?

Cada um de nós tem a idade do universo, que é de 13,7 bilhões de anos. Todos estávamos virtualmente juntos naquele pontozinho, menor do que a cabeça de um alfinete, mas repleto de energia, de matéria e de informação. Ocorreu a grande explosão (*big bang*), gerando-se as grandes estrelas vermelhas, dentro das quais, como num forno, se formaram, por milhões de anos, os elementos físico--químicos que compõem todos os seres do universo, incluindo o nosso.

Depois de fervilharem por milhões de anos, elas explodiram. Espalharam seus elementos em todas as direções. Assim surgiram as galáxias, os conglomerados de galáxias, as estrelas, os planetas, como a nossa querida Terra, e o pó cósmico que continua enchendo os espaços siderais.

Somos filhos e filhas das estrelas e do pó cósmico. Somos também a porção da Terra viva que, num momento avançado de sua evolução e de sua complexificação, chegou a sentir, a pensar, a amar e a venerar. Por nós, a Terra e o universo pensam e sentem que formam um *grande todo*. E nós podemos desenvolver a consciência desse pertencimento.

Qual é o nosso lugar dentro desse todo? Dentro do processo da cosmogênese? Dentro da Mãe Terra que já existe há 4,3 bilhões de anos? Dentro da história humana, que começou a 7-8 milhões de anos, e como somos hoje, há apenas 100 mil anos?

Isso ainda não nos é dado saber. Talvez a resposta seja a grande revelação quando fizermos a passagem alquímica deste para o outro lado da vida. Aí, espero, tudo ficará claro e revelado. Pelo fato de que todos somos umbilicalmente inter-relacionados, formando a imensa cadeia dos seres e a teia da vida, seremos surpreendidos ao saber o elo que somos nessa imensa corrente de ser e de vida. Cairemos, assim creio, nos braços de Deus-Pai-e-Mãe de infinito amor e de insondável bondade, matando nossa saudade de Deus e para um abraço amoroso que não conhece fim.

Todos estão destinados a conviver na Casa preparada desde toda a eternidade. Morrer é ser chamado para ocupar e encontrar o nosso lugar naquela Casa celestial. Mas não se chega lá de qualquer maneira.

Aqueles que precisam de sua misericórdia por causa das maldades que perpetraram terão de passar pela clínica purificadora de Deus, uma espécie de SPA regenerador, até ficarem completamente purificados. Só então se abrirão as portas da Casa e eles ocuparão o seu lugar no desígnio do Mistério.

Aqueles que se orientaram pelo bem e pelo amor receberão o abraço infinito da paz e ingressarão na Casa, que, na verdade, é o Reino eterno da Trindade, do Pai e do Filho e do Espírito Santo.

Cada um tem o seu percurso na curta passagem por este pequeno e belo Planeta Terra. Permito-me dar um testemunho de alguns passos de minha caminhada:

Enquanto bebê de poucos meses, estava condenado a morrer. Minha mãe contava, e minhas tias sempre repetiam, que eu tinha "o macaquinho", expressão popular para anemia profunda. Tudo que ingeria, vomitava. Todos diziam em dialeto vêneto: "*poareto, va morir*": "pobrezinho, vai morrer".

Minha mãe, desesperada e escondida de meu pai, que não acreditava em benzimentos, foi à benzedeira, à velha Campanhola. Ela fez as suas rezas e lhe disse: "Dê um banho com essas ervas; depois de fazer o pão no forno, espere até ficar morno e coloque seu filhinho lá dentro". Foi o que minha mãe Regina fez. Sobre a pá de retirar o pão cozido, colocou-me dentro do forno, deixando-me lá por um bom tempo.

Eis que ocorreu uma transformação. Ao me retirar do forno, comecei, diziam, a procurar logo o seio para sugar o leite materno. Depois, minha mãe passou a mastigar bocadinhos de alimentos mais fortes, oferecendo-me. Comecei a comer e a me fortalecer. Sobrevivi. Estou aqui oficialmente velho, com mais de 80 anos.

Passei por vários riscos que poderiam ter encurtado minha vida: um DC-10 em chamas rumo a Nova York; um acidente de carro contra um cavalo morto na pista, que me quebrou todo; um enorme prego que caiu na minha frente quando estudava na Universidade de Munique e que poderia seguramente ter-me matado, se tivesse caído sobre a minha cabeça; num inverno nos Alpes, caí num vale profundo coberto de neve (camponeses bávaros, vendo-me com hábito marrom afundado, retiraram-me de lá com uma longa corda); e outros.

Lembro-me que, ao agradecer pela concessão do Título de Doutor Honoris Causa em Política pela Universidade de Turim, das mãos do notável filósofo da democracia e dos direitos humanos, Norberto Bobbio, comecei assim a minha fala:

> Venho da pedra lascada, dos fundos da história, de um lugar desabitado, montanhoso e coberto de floresta virgem. Meus avós italianos e minha família desbravaram essas terras intocadas, cobertas por pinheirais a perder de vista: Concórdia, nos confins do Estado de Santa Catarina, no Sul do Brasil.
>
> Eles tiveram de lutar muito para sobreviver, defendendo-se das onças e de outros animais selvagens. Muitos morreram por falta de médico. Depois fui subindo na escala da

evolução: os 11 irmãos puderam estudar, cursar, em outra cidade longínqua, a universidade. Eu pude me formar na Alemanha. Agora estou aqui, surpreendentemente e sem mérito especial, nesta famosa universidade.

Bobbio pediu que eu falasse sobre como nós, teólogos da libertação, interpretamos a realidade dos pobres, já que o eixo central desse tipo de teologia reside exatamente na opção não exclusiva pelos pobres contra a pobreza e a favor da justiça social e sua libertação.

Expliquei aos presentes que nós teólogos e teólogas, inclusive muitos bispos, estamos profundamente convencidos de que os pobres são portadores de uma força histórica, capaz de influir na gestação de outro tipo de sociedade, mais includente e com mais justiça social.

Face aos pobres, enfatizava, é insuficiente o assistencialismo clássico ou a mera caridade, mantendo-os sempre dependentes. Eles, quando conscientizados e organizados, podem ser sujeitos de sua libertação. Superamos o *para* os pobres e insistimos no caminhar *com* os pobres, sendo eles os protagonistas, e quem puder e tiver esse carisma, viver *como* os pobres, suportando solidariamente todo tipo de limitações e até fome. Assim fizeram agentes de pastoral, religiosos e religiosas, padres, teólogos e teólogas, e até bispos como Dom Pedro Casaldáliga e Dom Tomás Balduíno, entre outros.

Percebi o grande interesse, verdadeira surpresa nos mestres presentes, por essa contribuição que a Teologia da Libertação dava à compreensão dos pobres e de sua capacidade transformadora.

Abrevio meu percurso existencial que já foi longo: trabalhei muito em minha vida. Dei cursos por todos os cantos no Brasil e no exterior. Trabalhei com catadores de material reciclável, em favelas, nos meios pobres e nas Comunidades Eclesiais de Base. Entrei em lugares inóspitos, atravessei o sertão castigado pela seca e percorri os grandes rios da Amazônia. Até fui preso por apoiar pobres que ocuparam um terreno abandonado, cujo dono morava num outro Estado, a mais 1.000km dali. Além disso, fui redator de duas revistas, uma cultural e outra teológica, e responsável pelas publicações religiosas da centenária Editora Vozes de Petrópolis.

Dividi minha vida em três atividades: dar aulas de teologia sistemática e ecumênica, ministrar palestras e cursos, sem conta, nos mais diferentes lugares e países, e dedicar-me à pesquisa e à elaboração de textos, uns mais teóricos e outros mais espirituais e pastorais. Devo dizer que em toda a minha vida nunca pude fazer férias, pois quem escreve sempre está atrasado. Cada pequeno espaço de tempo é usado para cumprir os prazos prometidos.

Publiquei cerca de cem livros, cobrindo várias áreas do pensamento, da teologia, da filosofia, da ética, da espiritualidade, da ecologia e também com algumas incursões na literatura.

É trabalhoso, com apenas 25 sílabas, compor as palavras e depois formular as frases e, por fim, escrever um livro com a pretensão ousada de tentar melhorar este mundo, para que tenha algumas características do sonho de Jesus: um Reino onde prevaleça o amor acima do ódio, a solidariedade acima da competição e o cuidado com a Casa Comum acima de sua devastação, ressaltando sempre a importância de alimentar permanentemente uma saudade de Deus.

Quando me perguntam: "O que faz na vida"? Respondo: "Sou trabalhador como qualquer outro, como um marceneiro ou um eletricista; apenas que meus instrumentos são muito precários: somente 25 sílabas. E sou ainda um agitador cultural por um humanismo integral, generoso, espiritual e amigo da vida, inspirado no Homem de Nazaré e no Pobre de Assis".

"E o que pretende com tantas letras"? Respondo: "Apenas pensar as preocupações maiores dos seres humanos à luz de Deus e de sua Palavra, suscitar a águia escondida em cada pessoa, águia que quer voar alto e recusar-se a ser galinha, que apenas cisca o chão e não voa. Procuro sempre, quase instintivamente, chegar ao coração das pessoas, para que tenham saudade de Deus, compaixão pelo injusto sofrimento dos pobres, da natureza devastada e da Mãe Terra exaurida.

Que nunca desistam de sempre melhorar a realidade, começando por si próprios. Independente da condição moral em que cada um se encontra, sinta-se sempre sob o olhar divino, que mais se compadece do que julga, e perceba-se na palma da mão de Deus-Pai-e-Mãe de infinita bondade e misericórdia.

"Valeu a pena tanto trabalho e empenho ao andar com os pés no meio do povo, circular por entre pessoas mais sábias, permanecer sentado muitas horas frente ao computador, lutando com os conceitos certos e as palavras adequadas?" Respondo com o poeta Fernando Pessoa: "Tudo vale a pena se a alma não é pequena".

Esforcei-me para que não fosse pequena. Deixo a Deus a última palavra para julgar se foi suficientemente grande ou não. Agora, no tramontar da vida, oficialmente velho com mais de 80 anos, penso nos dias passados e tenho a mente voltada para a eternidade.

Qual é o meu lugar no conjunto dos seres? Não sei. Estou curioso por saber quando chegar lá, no Grande Encontro. Apenas tomei como lema para a minha peregrinação por este mundo aquilo que ouvi da boca de meu pai e vi realizado em sua vida: "Quem não vive para servir não serve para viver".

De resto, seja o que Deus quiser.

Petrópolis, Páscoa de 2019.

Primeira parte
Teologia pública: fé e política

1
Deslocamento do cristianismo do centro para a periferia

O cristianismo nasceu no Oriente Médio, na Palestina. Logo se espalhou pelo mundo, começando pela Ásia Menor, depois pela Europa, pela África do Norte, alcançando a Índia e até a China. Tardiamente, com a colonização, chegou às Américas.

A expressão romano-católica do cristianismo (ele possui outras expressões em Igrejas como a ortodoxa, a siríaca, a etíope, a maronita, entre outras) ganhou sua maior força e densidade na Europa. De lá, seguindo a rota dos colonizadores, ele foi levado à África e às Américas.

Na América Latina foi um dos fatores mais decisivos da conformação das identidades nacionais e de coesão social. Aqui nasceu um tipo de incarnação nas culturas originárias indígenas e nas culturas afro transplantadas nas terras de Abya Yala (nome originário indígena para a América Latina), que enriqueceu toda a Igreja. Mas com o tempo essa Igreja colonial deixou de ser espelho do modelo europeu para se transformar numa fonte própria, com sua liturgia, seus hábitos, suas formas de se organizar e de elaborar a sua própria teologia.

Essa Igreja-fonte fez-se tão vigorosa, que produziu o primeiro papa vindo da periferia do mundo, da Argentina: o Papa Jorge Bergoglio, autodenominado Francisco. Ele está conferindo um estilo novo a toda a Igreja. Vale enfatizar alguns pontos mais relevantes, pois conferem ao cristianismo um rosto novo e um surpreendente interesse.

O primeiro deles é a revolução feita da **figura do papado**, vivida em pessoa pelo próprio Papa Francisco. Não é mais o papa imperial com todos os símbolos herdados dos imperadores pagãos romanos. Ele se apresenta como simples pessoa, como quem vem do povo. Sua primeira palavra de saudação foi dizer aos fiéis "*Buona sera*": "Boa noite". Em seguida, anunciou-se como bispo de Roma, chamado a dirigir a Igreja que está no mundo inteiro no amor, e não na autoridade que lhe compete.

Antes mesmo de ele dar a bênção oficial, pediu que o povo o abençoasse. Não foi morar num palácio – o que teria feito chorar Francisco de Assis –, mas numa casa de hóspedes: Santa Marta. E come junto com eles.

O segundo ponto importante é anunciar o **Evangelho como alegria**, como superabundância de sentido de vida e menos como doutrinas e disciplinas a serem assimiladas. Não se trata de levar Cristo ao mundo secularizado. Ele, como ressuscitado, está dentro dele. Portanto, importa descobrir sua presença nele pela sede de espiritualidade e pela saudade de Deus que se nota em todas as partes.

O terceiro ponto é colocar no centro de sua atividade **três polos**: *o encontro com o Cristo vivo, o amor apaixonado pelos pobres e o cuidado da Mãe Terra*. O centro é Cristo, e não o papa. O encontro vivo com Cristo tem o primado sobre a doutrina e a disciplina.

Em vez de denunciar o pecado do mundo e no mundo, anuncia incansavelmente a misericórdia e a revolução da ternura, como amiúde a proclama em suas intervenções faladas.

O amor aos pobres foi expresso no seu primeiro discurso oficial: "como gostaria que a Igreja fosse a Igreja dos pobres". Foi ao encontro dos refugiados da África que chegavam à Ilha de Lampeduza no sul da Itália. Ali ele disse palavras duras contra certo tipo de civilização moderna, que perdeu o sentido da solidariedade e não sabe mais chorar diante do sofrimento de seus semelhantes.

Suscitou o alarme ecológico com sua Encíclica *Laudato Si' – Sobre o cuidado da Casa Comum* (2015), dirigida a toda a humanidade. Mostra clara consciência dos riscos que o sistema-vida e o sistema--Terra correm. Por isso, expande o discurso ecológico para além do ambientalismo. Propõe uma ecologia integral que engloba o ambiental, o político-social, o mental e o espiritual.

Diz enfaticamente que devemos fazer uma revolução ecológica radical. Une o grito dos pobres com o grito da Terra. Convida-nos a sentir como nossa a dor da natureza, pois todos somos interligados e envolvidos numa teia de relações. Convoca-nos a "alimentar uma paixão pelo cuidado do mundo [...] uma mística que nos anima, nos impele, motiva e encoraja, e dá sentido à ação pessoal e comunitária" (n. 216).

O quarto ponto significativo foi fazer da **Igreja não um castelo fechado** e cercado de inimigos por todos os lados, mas antes um **hospital de campanha** que acolhe indistintamente a todos, sem reparar sua extração de classe, de cor ou de religião. Outra expressão recorrente é **a Igreja em saída**; uma Igreja em permanente saída para os outros, especialmente para as periferias existenciais que grassam no mundo inteiro. Ela deve suscitar alento, infundir esperança e mostrar um Cristo que veio para nos ensinar a viver como irmãos e irmãs, no amor, na igualdade, na justiça, abertos ao Pai que tem características de Mãe de misericórdia e de bondade.

Por fim, mostra clara consciência de que o Evangelho se opõe aos **potentados deste mundo**, que acumulam absurdamente riquezas materiais, deixando na miséria grande parte da humanidade. Vivemos sob um sistema que coloca o dinheiro no centro e que é assassino dos pobres e depredador dos bens e serviços da natureza. Contra todos esses, o papa tem as mais duras palavras.

17

Dialoga com todas as tradições, deixando para trás litígios antigos. No lava-pés da Quinta-feira Santa de 2019 estava uma menina muçulmana.

Quer ecumenicamente todas as Igrejas, com suas diferenças, unidas no serviço ao mundo, especialmente aos mais desamparados. Reforça o conhecido ecumenismo de missão.

Com este papa que "vem do fim do mundo" se encerra, a nosso ver, uma Igreja ocidental e começa uma Igreja de fato universal, adequada à fase planetária da humanidade. Ela é desafiada a encarnar-se nas várias culturas e construir nelas um novo rosto a partir da riqueza inesgotável do Evangelho e das próprias culturas.

Avento a hipótese de que este papa, vindo de fora do aparato administrativo da Cúria Vaticana e da velha Cristandade europeia, fará uma nova genealogia de pontífices que virão da periferia, lá onde o cristianismo é vivo e criativo.

Somente 24% dos católicos vivem na Europa; 62% nas Américas e o restante na África e na Ásia. O futuro da Igreja romano-católica, até numericamente, está se jogando nos países periféricos que, até pouco tempo, chamávamos de Terceiro e Quarto mundos. O cristianismo dos países europeus dá mostras de cansaço histórico, diria quase de uma lenta e inevitável agonia. Daí dificilmente virá algo de novo e inovador.

Nas outras partes do mundo está crescendo e enriquecendo a experiência cristã com novas e surpreendentes concretizações. Por aqui passa o futuro. É justo que daqui saiam também os futuros papas que vão animar a fé dos fiéis católicos, dos demais cristãos e despertar a consciência da humanidade de sua responsabilidade pelo futuro da Casa Comum e de nossa própria civilização.

2
A proposta do cristianismo de libertação

Conhecemos as peripécias do cristianismo oficial na história, quase sempre em articulação com os poderes estabelecidos, alguns autoritários como os reis e príncipes europeus e entre nós até com regimes ditatoriais como o de Pinochet no Chile e o de Videla na Argentina, e raramente com os regimes democráticos e populares.

Nesse contexto não são poucos os que se perguntam sinceramente: Pode, realmente, o cristianismo ser uma força de libertação dos oprimidos da história? Há chance de emergir um cristianismo de libertação, inspirado na prática libertária de Jesus de Nazaré? Qual é sua proposta fundamental?

Argumenta-se positivamente: Ele não é herdeiro de um preso político que foi perseguido, caluniado, considerado politicamente subversivo, preso, torturado e sentenciado na cruz por causa de sua liberdade face às tradições religiosas opressoras e por ter privilegiado claramente os que estavam à margem do sistema imperante, os oprimidos e sofredores deste mundo? Esta pergunta é inquietante e deixa as instituições eclesiásticas, geralmente poderosas, com má consciência.

No entanto, sempre podemos aduzir figuras e movimentos exemplares que deram centralidade aos pobres, como o movimento pauperista do século XIII, dentro dos quais surgiram as figuras de São Francisco de Assis, de São Domingos, dos Sete Florentinos, Servos de Maria e outros; posteriormente, São Camilo de Lellis, São João Bosco, Madre Teresa de Calcutá, Irmã Dulce, Dom Oscar Ronulfo Romero, Dom Helder Camara, a religiosa Dorothy Stang, entre tantos e tantos no passado e no presente.

Apesar dessa legião de notáveis no amor desinteressado e corajoso pelos sem nome e sem vez, que viveram o sonho libertário de Jesus, a ponto de alguns darem sua própria vida, a imagem projetada do cristianismo no quadro geral das considerações políticas é a de ser uma grande instituição hierarquizada, com poder centralizado; monárquica, conservadora em moral e ambígua em política, quando não comprometida com os poderosos, social, econômica e politicamente.

Nos últimos tempos, graças a figuras como o bom Papa João XXIII, o Papa Francisco e à Igreja preferentemente dos pobres, mas aberta a todos, e devido à perspectiva de libertação e de uma ecologia integral, essa imagem está ganhando outro perfil mais inspirador e confiável. Ele se revelou a partir da periferia do mundo, na América Latina, na África, mas também nos próprios países centrais da Europa e nos Estados Unidos. Releva reconhecer a irradiação universal do Papa Francisco, vindo do Grande Sul, da Argentina, e do caldo cultural da Teologia da Libertação latino-americana.

1) Cristianismo como movimento e como instituição

No intento de dar uma forma mais sistemática às nossas reflexões, podemos afirmar que o cristianismo pode ser visto sob duas perspectivas distintas.

Uma como *grande instituição*, chamada Igreja (ou Igrejas), que se organiza ao redor do poder sagrado, de forma hierarquizada, tendo o papa, no caso da Igreja romano-católica, como o cabeça, e o clero (bispos, padres) que assume a função de direção da massa dos fiéis.

A outra perspectiva é a de entender o cristianismo como o caminho ou o movimento de Jesus, ou como seguimento do Jesus histórico.

a) O cristianismo originário: mais movimento do que instituição

Esse movimento de Jesus, como aparece principalmente nos Atos dos Apóstolos, não se traduz por uma doutrina, mas significa um certo modo de ser e de proporcionar sentido à vida. Não se constitui como uma instituição, mas como um movimento, caracterizado por um conjunto de valores, atitudes, sonhos e utopias que dão um rumo altamente animador à vida. Mais do que uma religião, é uma espiritualidade ou um caminho espiritual.

Esses valores fundamentalmente se revelam pelo amor, pela compaixão, pela sensibilidade para com os sofredores deste mundo, pela solidariedade, pela aceitação das diferenças e por uma abertura ao Sagrado e Transcendente, sem que isso signifique necessariamente adesão a uma determinada confissão religiosa, o que pode também acontecer. Esta perspectiva é humanística. São muitos os que, por admiração a Jesus, a assumem, mesmo dentro ou fora de alguma inscrição religiosa.

b) A prática libertadora do artesão de Nazaré

A Teologia da Libertação só pode ser adequadamente entendida como uma forma de seguimento do Jesus histórico e de sua saga de vida.

Jesus foi um profeta ambulante, grande contador de histórias, das quais tirava sábias lições. Artesão de origem, num dado momento de sua vida sentiu um forte chamado de Deus para sair pregando uma grande esperança: "O tempo da espera expirou. O Reino foi aproximado. Creiam nessa boa notícia e mudem de vida" (Mc 1,14). Reino representa a grande utopia de uma total revolução que começa pelos seres humanos chamados a viverem o amor incondicional, o perdão, a compaixão com os fracos e feitos invisíveis, e uma total abertura para Deus, às relações sociais e a um sentido plenificador de todo o universo.

Jesus, num dia de sábado, entra numa sinagoga e anuncia seu projeto, inspirado num texto do Profeta Isaías: "pregar a boa notícia aos pobres, anunciar aos presos a libertação, aos cegos a recuperação da vista e a liberdade aos oprimidos" (Lc 4,18). O que anuncia também faz; aqui aparece a dimensão social do Reino: cura doentes; sacia uma multidão faminta, multiplicando pão e peixe; cura enfermos; ressuscita mortos; liberta o povo do peso de costumes opressores, em nome do bom-senso e do amor. Numa palavra: "andou fazendo o bem e curando todos os oprimidos" (At 10,39; Mc 7,37). Ele também demonstra seu poder sobre as forças da natureza ao acalmar, por exemplo, tempestade no Lago de Genesaré.

Em Jesus de Nazaré identificamos duas paixões: *por Deus e pelos pobres*. Apresenta uma imagem de Deus que se distancia totalmente da tradição. Seu Deus não é o do castigo, mas aquele da misericórdia, a ponto de até "amar os ingratos e maus" (Lc 6,35). Diz claramente que veio especialmente para salvar aqueles que se sentiam perdidos. Apresenta Deus com uma linguagem de intimidade, *Abba*, Paizinho querido. Quem chama a Deus de Pai só pode se sentir seu Filho querido.

Esse Deus-*Abba* liberta o povo do fardo de tradições que o oprimiam e davam lugar para o farisaísmo e a hipocrisia. É um Pai com características de Mãe, que, como uma galinha, cuida dos pintainhos e acolhe o filho pródigo que estava perdido e regressou (Lc 15,11-32).

A outra paixão é pelos pobres e marginalizados. Disse-lhes: "Felizes os pobres, porque vosso é o Reino de Deus... Felizes os famintos, felizes os tristes, os odiados, os banidos e os injuriados" (Lc 6,20-26). Faz andar coxos e ver cegos, limpa hansenianos e ressuscita mortos como Lázaro, a filha de Jairo e outros. Aproxima-se de uma prostituta como Maria Madalena, defende uma adúltera ameaçada de ser apedrejada, fala com uma mulher estrangeira como a samaritana, o que era interditado na época. Ele se toma a liberdade de abandonar tradições e deixar para trás leis consagradas, sempre em nome do amor ao próximo e do Deus da misericórdia. Toda sua prática pode ser resumida nesta frase: "Se alguém vem a mim eu não o mandarei embora" (Jo 6,37).

Por fim, cabe-nos perguntar: Qual foi a intenção originária de Jesus? O que Ele quis, finalmente, quando andou entre nós? Ele responde a esta interrogação na forma de uma oração: o Pai-nosso. Nele há dois movimentos: o impulso para cima, para o *Pai nosso* – sua vontade e seu projeto, o Reino. E o impulso para baixo: o *pão nosso* – o perdão e a superação do mal.

Reparemos bem: Ele não fala *meu* Pai, mas Pai *nosso*; não diz *meu* pão, mas o pão *nosso*. Mais do que ao indivíduo (meu), dirige-se ao coletivo (nós). Sua intenção originária foi que conjugássemos esses dois movimentos: Pai nosso com pão nosso; o céu com a terra; a transcendência com a imanência.

Só quem mantiver unido o Pai nosso com o pão nosso pode dizer Amém e sentir-se na herança de Jesus. Se não unirmos essas duas realidades fontais, as duas fomes do ser humano, a de Deus-Pai, insaciável, e a do pão saciável, estaremos longe do Jesus verdadeiro, aquele que andou pelas estradas pedregosas da Palestina, ensinando-nos a viver e conviver.

Importa enfatizar o destino trágico de Jesus: devido à sua liberdade face às tradições, à sua preferência pelos pobres e sofredores e à sua nova visão de Deus-*Abba*, sofreu todo tipo de difamação, de perseguição e de ameaças de morte. Moveram-lhe dois processos; um político, diante da autoridade romana, e outro, religioso, diante das autoridades judaicas. Condenado, foi torturado, e por fim recebeu o castigo dado aos rebeldes e subversivos: a crucificação.

O Pai não quis a morte de Cristo, como se diz comumente. Isso destruiria a imagem do Deus Paizinho querido que Ele nos transmitiu.

O que o Pai quis, isto sim, foi sua fidelidade, a persistência em sua mensagem, mesmo que isso implicasse sua liquidação. A morte lhe foi imposta como consequência de sua mensagem e de sua prática, intoleráveis para as autoridades do tempo.

A ressurreição é mais do que a reanimação de um cadáver. Significa a floração completa de todas as virtualidades escondidas dentro dele (que também estão em nós). Por essa razão, São Paulo o chama de o "novíssimo Adão" (1Cor 15,45), a humanidade nova que vinha lentamente nascendo, mas que, com a ressurreição, acabou de nascer. Essa nova humanidade foi antecipada pelo ressuscitado, pois não cresceu grama sobre a sua sepultura. A ressurreição é uma revolução na evolução e uma insurreição contra a justiça dos homens que mata só quem só pregou e fez o bem.

2) Os pais originários da Teologia da Libertação

A saga de Jesus, vivo, libertador, condenado, torturado, assassinado, sepultado e ressuscitado é a fonte de onde nasce a Teologia da Libertação.

Ela nasceu de um choque existencial: o encontro do Crucificado nos milhões de irmãos e irmãs também crucificados, pobres, negros e negras, indígenas, quilombolas, desempregados, famintos, doentes e caídos nas estradas da vida. Viu em todos esses, a continuação da crucificação de Jesus.

O que houve, portanto, foi uma experiência espiritual originária; ver o Crucificado nos crucificados da história. A reação imediata é a iracúndia sagrada: "não se pode tratar assim os filhos e filhas de Deus! Essa desumanização é inaceitável. Temos de fazer qualquer coisa para baixá-los da cruz".

Essa "qualquer coisa" não pode ser o assistencialismo piedoso nem o paternalismo solidário. Essa estratégia é generosa, mas, em seu termo, ineficaz, pois os mantém dependentes da caridade dos outros.

O pobre nunca é só pobre; ele pensa, inventa caminhos de sobrevivência e sabe. Só os ignorantes pensam que o pobre é ignorante. Ele possui, escondida, uma força histórica de libertação. Para movimentá-la é imprescindível que o pobre se conscientize de que sua pobreza não é natural nem querida por Deus, mas produzida por um conjunto de relações político-econômico-culturais que o fazem um empobrecido e um oprimido que deve buscar sua libertação.

Essa libertação somente acontecerá se os oprimidos já conscientizados criarem seus movimentos, suas organizações e articulações para ganharem força (se empoderarem) e impulsionarem uma prática libertadora, na qual eles são os protagonistas principais. Só é verdadeira aquela libertação que é conduzida e alcançada pelos próprios oprimidos, feitos sujeitos de sua prática transformadora.

É aqui que entra a inspiração de Jesus, o Libertador. Marx não foi nem pai nem padrinho da Teologia da Libertação. Mas Jesus, com a tradição profética e o exemplo dos apóstolos, que no início "tinham tudo em comum; repartia-se a cada um conforme a sua necessidade e não havia pobres entre eles" (At 4,32-35).

Como a grande maioria dos oprimidos é de cristãos, estes começaram, ao ler os textos evangélicos, a se dar conta de que Jesus foi um deles, um pobre como eles, que fez opção pelos pobres, que sempre agiu para superar todas as discriminações e libertá-los do sofrimento. E o fazia anunciando que esse é o projeto do Pai Bom, chamado de Reino de Deus.

Esse Reino começa já aqui na história, pois é feito de amor, de justiça, de solidariedade e de abertura ao Deus que abomina toda a opressão e se apresenta como o Deus da vida, "o apaixonado amante da vida" (Sb 11,24). Os pobres são chamados a construir, aqui e agora, esses bens do Reino de Deus por práticas solidárias entre eles, até mediante uma política e um governo que deem centralidade à questão dos desvalidos e maltratados e criem projetos sociais que atendam suas carências básicas.

3) Do assistencialismo ao processo de libertação

Essa visão inspirada em Jesus libertador fez com que surgisse a prática não mais assistencialista e paternalista, mas efetivamente libertadora através de um sem-número de movimentos sociais que eles mesmos criaram. Nascidos da fé e, muitos deles, dentro das Igrejas, seu efeito não foi apenas religioso ao criar cristãos participantes, mas também político, ao gestar cidadãos conscientes e empenhados na conquista e realização de seus direitos no quadro de uma sociedade diferente, inclusiva, justa e solidária.

Esses pobres conscientizados e organizados conquistaram bispos, padres, religiosos e religiosas e também leigos e leigos para a sua causa. Fizeram com que assumissem suas lutas justas, humanitárias e inspiradas na prática libertadora de Jesus. Também se deram conta de que o Jesus histórico estava na linha dos profetas bíblicos do Primeiro Testamento (também chamado de Antigo Testamento) que denunciavam a opressão dos pobres, dos camponeses e das viúvas, anunciando sua libertação, base da justiça, do direito e da paz.

Desse pensamento teológico e social surgiu a Teologia da Libertação, primeiro como prática pastoral e histórica, e depois como reflexão espiritual e teológica.

O eixo central e decisivo da Teologia da Libertação, importa sempre sublinhar, é a opção pelos pobres contra a pobreza e pela justiça social. Sem essa centralidade nos pobres contra sua pobreza não se pode falar em Teologia da Libertação. É o *"punctus stantis et cadentis"* deste tipo de teologia, quer dizer, "o ponto decisivo e decididor".

Essa opção estava presente já na Conferência dos Bispos Latino-americanos (Celam) em Medellín (1968). Era o seu batismo. Mas recebeu o sacramento da confirmação somente na Conferência dos Bispos Latino-americanos em Puebla (1969).

A Igreja sempre teve especial cuidado para com os pobres, pois eles pertencem à essência do Evangelho, mas o fez, dentro do estado de consciência da época, por caminhos caritativos, sem analisar e mudar as estruturas sociais e políticas que continuamente produzem e perpetuam a pobreza. Com a Igreja de libertação e sua Teologia da Libertação, avançou-se no reconhecimento de que a pobreza é injustiça social estrutural. Ela demanda uma transformação estrutural, que vem pela força histórica dos próprios pobres, vítimas do sistema que os faz pobres. Eles puderam contar com o apoio das Igrejas e de todos aqueles que assumiram a opção não exclusiva mas preferencial pelos pobres e por sua libertação. Não há verdadeira opção pelos pobres sem amor por eles, por seu mundo, sua cultura e por sua forma de se dirigir a Deus.

Essa Teologia da Libertação não é uma disciplina a mais, mas um *modo diferente* de fazer teologia. Ela aprofundou um método: *ver, julgar, agir e celebrar*, herdado da Ação Católica. *Ver* a realidade conflitiva que penaliza as grandes maiorias. *Julgar* as causas que produzem tal pobreza-injustiça, e à luz da fé denunciá-la como um pecado social e estrutural. *Agir* de forma organizada, seja na Igreja, seja na sociedade, para criar a libertação concreta. *Celebrar* as conquistas alcançadas como um avanço do Reino de Deus, possível dentro da história.

Como há muitas formas de opressão, assim também vigoram muitos caminhos de libertação. Em consequência surgiram as várias tendências desse tipo de teologia: uma Teologia da Libertação dos trabalhadores explorados, dos indígenas ameaçados em sua existência, dos negros secularmente humilhados e condenados às periferias, das mulheres, por séculos oprimidas pela cultura patriarcal e machista dominante no mundo todo e daqueles que são de outra condição sexual, os LGBT. Onde há gritos de oprimidos, aí há um Deus que deixa sua transcendência e diz: "desci para libertá-los das mãos dos opressores" (Ex 3,8).

4) Um passo avante na libertação: libertar a Terra

Nos últimos anos, devido aos grandes transtornos climáticos e aos efeitos danosos do sistema industrialista que superexplora a natureza, os cristãos se deram conta de que a Mãe Terra está sendo devastada a ponto de as bases físico-químicas e ecológicas que sustentam a vida estarem seriamente ameaçadas. Ela é o grande pobre, vítima da ganância de acumulação de bens materiais. Então coerentemente dentro da opção pelos pobres deve ser incluída a Mãe Terra, como o grande pobre que grita e clama por libertação. Ela também deve ser baixada da cruz e ser ressuscitada.

Quem universalizou essa opção foi o Papa Francisco com sua encíclica de 2015 *Laudato Si' – Sobre o cuidado da Casa Comum*. Ofereceu-nos uma ecologia da libertação integral, e não apenas ambiental, cobrindo a dimensão social, política, cultural, mental e espiritual. Mostrou como todas as coisas estão inter-retro-relacionadas sob o arco-íris da graça divina, a maioria oprimida, reclamando uma libertação integral (cf. BOFF, L. *Ecologia* – Grito da Terra; grito dos pobres. Petrópolis: Vozes, 1999).

Nascida na América Latina, a Teologia da Libertação se difundiu por todo o mundo, lá onde cristãos e as Igrejas se conscientizaram de que a libertação pertence ao seguimento de Jesus e é parte do Evangelho. Ela conferiu credibilidade às Igrejas por seu alto sentido ético e espiritual. Hoje ela é, possivelmente, a teologia mais ativa e criativa que desafia a consciência universal dos cristãos e das pessoas sensíveis ao sofrimento humano a saírem de sua indiferença e a assumirem a causa dos oprimidos por sua libertação.

Por fim, o que conta de verdade, não é tanto a Teologia da Libertação, mas a libertação concreta dos pobres e oprimidos, o seu grande anseio humanitário. Para os professantes da fé cristã, ela pertence ao desígnio do Deus da ternura dos humildes, ao sonho de Jesus de um Reino de justiça, solidariedade e de amor incondicional. A liberdade que estava cativa é o bem mais precioso do Reino de Deus que já está no meio de nós e que cresce até a consumação de nossa história.

3
A partir dos pequenos: a nova Teologia da Libertação

A Teologia da Libertação, embora tenha se transformado numa árvore frondosa, a partir dos anos de 1970, nunca deixou de ser uma semente. Como toda semente, está cheia de virtualidades que são descobertas a partir dos desafios que enfrenta e se desenvolve de semente em tronco, em copa, em folhas, em flores e em frutos.

Assim está ocorrendo com a nova geração de teólogos e teólogas que escutaram o grito do oprimido e o clamor da Terra. Tiveram a coragem e o espírito evangélico, numa perspectiva ecumênica, de se inserir no mundo dos pequenos, dos pobres nas periferias das cidades, nas culturas indígenas menosprezadas, nos movimentos negros, ainda muito discriminados e até ameaçados de morte, nos grupos de mulheres, conscientes de sua identidade e libertadas da subjugação patriarcal. Todos testemunham a força libertadora dos pequenos quando se conscientizam de seus direitos e se recusam a aceitar a pobreza como fatalidade da natureza ou expressão da vontade de Deus.

Essa geração mostra uma nova percepção da realidade da opressão, típica de nossa contemporaneidade, e está criando novas linguagens e novos tipos de comunicação que a Teologia da Libertação dos "velhos" ainda não conhecia e por isso não usava. Ela confere um ar de juventude e de jovialidade ao engajamento entre os pequenos, aqueles que não contam para o atual sistema, hoje globalizado. Muitos são leigos e leigas que se fascinaram pela mensagem de Jesus, estudaram teologia e trabalham de forma libertadora nos meios populares; às vezes, mais adversos e ameaçadores. Há uma mística notável entre eles que os leva a enfrentar todo tipo de dificuldades, seja por parte da grande instituição-Igreja, seja por parte de grupos conservadores da sociedade e mesmo da Igreja.

Sempre que se celebra uma nova edição do Foro Social Mundial em alguma cidade do mundo, aparece essa nova geração de teólogos e teólogas, junto com outros representantes da Teologia da Libertação, trazendo seus sonhos e seus novos discursos.

Três dias antes dos Foros Sociais Mundiais, acontece, já há anos, também o Foro Mundial da Teologia da Libertação. Participam as várias gerações e tendências, com um número considerável de representantes, variando entre 2 a 3 mil pessoas de todos os continentes (Coreia do Sul, Estados Unidos, vários países da África, da Europa e de toda a América Latina) que praticam esse tipo de teologia.

Ela implica sempre ter um pé na realidade da pobreza e da miséria, ou no projeto alternativo de outro mundo possível, e outro pé na reflexão teológica e pastoral. Sem esses dois momentos não existe Teologia da Libertação que mereça esse nome.

De tempos em tempos costuma-se fazer avaliações, que têm como primeira pergunta: Como se desenvolve o Reino de Deus em nossa realidade contraditória? Onde estão os sinais do Reino em nosso continente latino-americano, mas também na China, na África crucificada, especialmente no meio dos pequenos? Perguntar pelo Reino não é perguntar como está a Igreja, mas a quantas anda o sonho de Jesus, feito de amor incondicional, de solidariedade, de compaixão, de justiça social, de abertura ao Sagrado. Que centralidade é conferida aos oprimidos e olvidados?

Esses e outros valores constituem o conteúdo do que chamamos Reino de Deus, a mensagem central de Jesus, da qual a Igreja quer ser sacramento, isto é, sinal e instrumento de implementação. A expressão Reino de Deus é religiosa, mas seu conteúdo vai além, abrangendo a dimensão secular, humanística e universal. Jesus veio nos ensinar a viver esses valores, e não simplesmente nos transmitir doutrinas sobre eles.

Igualmente, quando se pergunta como está a Teologia da Libertação, a resposta vem com outra pergunta: Como se trabalha com os pobres e os oprimidos? Apoiamos as iniciativas das mulheres, buscando sua dignidade e libertação de comportamentos machistas como a violência de maridos e de feminicídio? Que organizações estão surgindo para enfrentar o desemprego de milhões de pessoas? Estamos suficientemente reforçando a organização dos povos originários e dos afrodescendentes, os mais discriminados de todos, junto com os LGBT? Como os cristãos entram e reforçam as práticas libertadoras desses grupos e movimentos em articulação com outros movimentos que possuem uma dimensão libertadora?

É importante enfatizar o que afirmamos anteriormente: o importante não é a Teologia da Libertação, mas a libertação concreta e histórica dos oprimidos. Isso configura a presença dos bens do Reino de Deus, e não uma reflexão que se faz sobre eles.

Um impressionante exemplo da nova geração de teólogos e teólogas da libertação ocorreu entre os dias 12 e 14 de outubro de 2017 em Puebla, no México, com a presença de cerca de 50 pessoas vindas de toda a América Latina e do Caribe. Esse encontro foi organizado pela *Ameríndia*, uma rede de organizações e de pessoas comprometidas com os processos de transformação e de libertação de nossos povos. Baseado em chave cristã e crítica, analisou o momento histórico em que vivemos, numa perspectiva holística, enfatizando os conteúdos místicos, proféticos e metodológicos da Teologia da Libertação, feitos a partir da realidade.

Marcaram presença alguns dos "pais fundadores" desse tipo de teologia (início da década de 1970), a maioria com a idade entre 75 e 85 anos, ou mais. Mas forte foi a presença vigorosa da nova geração de jovens teólogos e teólogas, numa atmosfera profundamente igualitária e fraterna.

O propósito geral foi o mútuo incentivo entre os velhos e os novos, mas fundamentalmente se buscou identificar as novas sensibilidades, os novos enfoques e as maneiras de processar esse tipo de teologia. Todos estavam interessados em trocar experiências e ideias para saber que dignidade atribuímos aos pequenos, àqueles que não contam e são feitos invisíveis em nossa sociedade de cunho neoliberal e capitalista.

Na oportunidade foram lembradas vivamente as palavras do Papa Francisco aos participantes do encontro com os movimentos sociais populares em 2015 em Santa Cruz de la Sierra, Bolívia. Na ocasião o papa propôs uma espécie de programa dividido em duas partes.

A primeira delas insistiu na luta pelos *três tês: terra, teto e trabalho*, realidades a que todos têm direito inegociável.

A segunda dedicou aos chamados *poetas sociais*. A eles cabem algumas tarefas imprescindíveis na caminhada em direção a uma alternativa humana diante da globalização da indiferença. Primeiramente é preciso colocar a economia a serviço dos povos. Em segundo lugar, construir a justiça social, com base na paz. Em terceiro lugar, defender a Mãe Terra contra sua superexploração.

Aconselhou-os a não esperar nada de cima, pois sempre vem mais do mesmo, com a exploração e a devastação da natureza. É preciso reinventar um novo tipo de relação para com a natureza, com respeito e com sentido de responsabilidade. E, por fim, reinventar outra forma de democracia, na qual todos possam ser inseridos e participarem.

Era um discurso que dava centralidade aos pequenos e os conclamava a ser protagonistas de um outro tipo de sociedade e de mundo. Esse espírito pervadiu os diálogos e as intervenções durante o encontro. Ao invés de palestras – houve apenas duas introdutórias –, preferiu-se trabalhar em mesas-redondas, em pequenos grupos e trocas em mutirão. Depois se faziam resumos para o plenário e em seguida eram discutidos os pontos relevantes. Dessa forma, todos puderam participar e houve enriquecimento fecundo.

Dentre os participantes se encontravam teólogos/as que trabalham realmente com os pequenos, no meio de indígenas, nas periferias pobres das cidades, que desenvolvem trabalhos em relação à questão de gênero (como superar relações de poder desigual entre homens e mulheres); outros, ainda, são professores e pesquisadores universitários organicamente vinculados aos movimentos sociais.

Todos trouxeram experiências fortes e até perigosas, especialmente na América Central com os cartéis do narcotráfico, os desaparecimentos, os "marras" (crime organizado de jovens violentos) e a violência policial. Todos os trabalhos foram transmitidos via internet, com milhares de seguidores.

Não há como resumir satisfatoriamente a densidade reflexiva daqueles três dias de trabalho intenso. Mas ficou claro que vigoram várias formas de entender a realidade histórico-social (epistemologias), seja dos povos originários, dos afrodescendentes, de homens e de mulheres, de marginalizados e de integrados. Para todos era evidente que não se pode resolver o problema dos pobres sem a participação dos próprios pobres; eles devem ser os sujeitos e protagonistas de sua libertação. Nós nos dispomos a ser aliados e força secundária.

A Teologia da Libertação dos novos é, como apontamos acima, uma espécie de semente que decididamente se propõe estar do *lado* dos pequenos e *crer* na "força dos pequenos", lema do encontro. Essa semente é fecunda e viva, e continuará assim enquanto houver um único ser humano oprimido que grita por libertação.

No encontro recordamos o poema de Pablo Neruda: "Como sabem as raízes que devem subir à luz e saudar o ar com flores e cores?" Com Dostoiévski e com o Papa Francisco também cremos que, no fundo, "é a beleza que salvará o mundo", não a beleza como mera estética, mas como expressão desinteressada do amor humano, do cuidado da vida, e estar solidariamente com os pequenos, com aqueles que não podem se defender sozinhos, e especialmente do lado dos que injustamente menos vida têm.

Se a Teologia da Libertação produzir essa densidade humana entre as pessoas e na sociedade, terá cumprido uma missão civilizatória e estará concretizando um pouco do sonho de Jesus, alinhando-se ao desígnio do Criador que se manifesta na natureza e na história, especialmente na resistência, nas lutas e nos avanços dos pequenos deste mundo, mas que são grandes para Deus.

4
Uma crucificação que não conhece fim

Conhecemos aquele profeta da Galileia, pregador ambulante, Jesus de Nazaré, que anunciava uma grande libertação para todo o povo, libertando-o da escravidão de uma religião de um deus vingador e de leis e normas que pesavam duramente nas costas do povo. Em seu lugar pregava um Deus-Paizinho (*Abba*), de quem se sentia seu Filho bem-amado, com características de mãe, infinitamente misericordioso e que dava o privilégio aos pobres de serem os primeiros no Reino de Deus. Esse Reino representa a grande revolução benevolente que derruba todas as barreiras e inaugura novas relações fundadas no amor, na solidariedade, da empatia para com os sofredores e numa irrestrita abertura para Deus.

Em razão de sua liberdade, por chamar Deus de Pai querido, de se sentir seu enviado e pela opção pelos pobres e invisíveis, Jesus foi perseguido pelas autoridades religiosas e políticas do tempo, que o crucificaram. Mas, para surpresa de todos, ressuscitou, mostrando que o Reino não era uma alternativa ao reino de César nem uma fantasia, mas se realiza na pessoa dele, como antecipação para todos, da total irrupção do novo ser humano, no esplendor de sua plena realização humana e divina.

Mas enquanto seus irmãos e irmãs continuam sendo crucificados, sua ressurreição ainda não se completou, e Ele solidariamente renova sua crucificação nos crucificados deste mundo.

Podemos sinceramente reconhecer que hoje a maioria da humanidade vive crucificada pela miséria, pela fome, pela escassez de água potável, pela precarização do emprego e pelo desemprego. Crucificada também está a natureza devastada pela cobiça industrialista, que se recusa a aceitar limites. Crucificada está a Mãe Terra, exaurida a ponto de ter perdido seu equilíbrio interno, que se mostra pelo aquecimento global e pelos eventos extremos.

Pelo fato de Jesus, o Cristo, ter assumido totalmente nossa realidade humana e cósmica, Ele sofre com todos os sofredores. O grito dos pobres se mistura ao grito da Mãe Terra. A floresta que é derrubada por motosserra significa golpes em seu corpo. O ar contaminado adoece seu princípio vital. Nos ecossistemas dizimados e pelas águas poluídas, Ele continua sangrando e perdendo capacidade de regeneração.

A encarnação do Filho de Deus estabeleceu uma misteriosa solidariedade de vida e de destino com tudo o que Ele assumiu, nossa inteira humanidade, a natureza e tudo o que ela pressupõe em sua base físico-química-ecológica.

O Evangelho mais antigo, o de São Marcos, narra com palavras pungentes a morte de Jesus. Abandonado por todos, no alto da cruz, sente-se também abandonado pelo Pai de bondade e de misericórdia. Jesus grita: "Meu Deus, meu Deus, por que me abandonaste (*Eloí, Eloí, lemá sabachthani*)? E dando um forte brado, expirou" (Mc 15,34.37).

Jesus morreu não porque todos nós morreremos. Ele morreu na forma de um assassinato judicial, na maneira mais humilhante da época: a pregação na cruz. Pendendo entre o céu e a terra, durante três horas agonizou no madeiro.

A recusa humana pode decretar a crucificação de Jesus; mas ela não pode definir o sentido que Ele conferiu à crucificação imposta. O crucificado definiu o sentido de sua crucificação como solidariedade para com todos os crucificados da história que, como Ele, foram e serão vítimas da violência, das relações sociais injustas, do ódio, da humilhação dos pequenos e do rechaço à proposta de um Reino de justiça, de irmandade, de compaixão e de amor incondicional.

Apesar de sua entrega solidária aos outros e a seu Pai, uma terrível e última tentação invadiu seu espírito; o grande embate de Jesus ao agonizar é com o Pai.

O Pai que Ele experimentou com profunda intimidade filial, o Pai que Ele havia anunciado como "Paizinho" (*Abba*), misericordioso e cheio de bondade, o Pai maternal, cujo Reino Ele proclamara e antecipara em sua práxis libertadora, esse Pai agora parece tê-lo abandonado. Jesus passa pelo inferno da ausência de Deus; Jesus está às raias da desesperança. Do vazio mais abissal de seu espírito irrompem interrogações aterradoras que configuram a mais apavorante tentação sofrida pelos seres humanos, a tentação do desespero. Ele se interroga: "Será que não foi absurda a minha fidelidade? Sem sentido a luta sustentada por causa da liberdade face às tradições religiosas opressoras, por ter privilegiado os oprimidos e fazê-los os primeiros no Reino de Deus? Não teriam sido vãos os riscos que corri, as perseguições que suportei, o aviltante processo jurídico-religioso a que fui submetido com a sentença capital: a crucificação que estou sofrendo? Por que, meu Deus? Por que, meu Pai?"

Jesus encontrou-se nu, impotente, totalmente vazio diante de Deus-Pai que se cala e com isso revela todo o seu Mistério. Jesus não tem mais ninguém a quem se agarrar.

Pelos critérios humanos Ele fracassou rotundamente. A própria certeza parece que se esvaiu. Apesar de o sol ter tramontado de seu horizonte, Jesus continua a confiar em Deus. Por isso gritou fortemente: "*Meu* Deus, *meu* Deus, por que me abandonaste?" No auge do desespero Jesus se entregou ao Mistério verdadeiramente sem nome; sua única esperança para além de qualquer desesperança humana.

Não possui mais nenhum apoio em si mesmo, somente em Deus, que se escondeu. A absoluta esperança de Jesus só é compreensível no pressuposto de seu absoluto desespero. Mas onde abundou a desesperança, superabundou a esperança.

A grandeza de Jesus consistiu em suportar e vencer essa assustadora tentação que lhe propiciou um despojamento completo de si mesmo e uma entrega total a Deus, uma solidariedade irrestrita a seus irmãos e irmãs também desesperados e crucificados ao longo da história. Essa absoluta descentração de si em função dos outros é uma morte sem morrer. Só assim a morte é verdadeiramente real e completa: a entrega sem resto a Deus e aos seus filhos e filhas sofredores, seus irmãos e irmãs menores.

As últimas palavras de Jesus mostram essa sua entrega, não resignada e fatal, mas livre: "Pai, em tuas mãos entrego o meu espírito" (Lc 23,46); "Tudo está consumado!" (Jo 19,30).

A Sexta-feira Santa continua, mas não é o último capítulo da história. A ressurreição como irrupção do ser novo é a grande resposta do Pai e a promessa para nós. Jesus é o primeiro entre muitos filhos e filhas, que somos todos nós. Como ocorreu com o Crucificado, todos os crucificados da história também serão baixados da cruz e herdarão a ressurreição como plenificação da vida. Então não haverá mais dor, nem lamento, nem lágrimas, porque "tudo isso passou" (cf. Ap 21,4).

5
Mesmo não podendo crer em Deus, são santas

Os místicos e místicas, aqueles que mergulharam no mistério dos mistérios, que é Deus, falam de seus êxtases e encontros amorosos com Ele, mas testemunham também as noites terríveis pelas quais passaram. Há luzes e trevas, há montanhas e abismos no caminho rumo ao próprio coração, onde se encontra Deus.

São João da Cruz, um dos místicos mais ardentes do cristianismo e grande poeta da língua espanhola, fala "da amada [a alma] no Amado transformada", e que a fusão é tão radical e profunda, que passamos "a ser deus por participação". Testemunhos semelhantes encontramos no maior místico da tradição muçulmana, Rumi, talvez quem melhor e mais discorreu sobre o amor e a união com a divindade.

Mas o mesmo místico São João da Cruz fala da noite escura, tão bem-expressa em seu poema *La noche oscura*. Ele distingue duas noites escuras: uma, a noite dos *sentidos*, pela qual a alma vive sem consolos espirituais e numa severa secura interior. A vida espiritual não lhe diz mais nada e nela não encontra mais sentido. A outra é a noite do *espírito*, "oscura y terrible", na qual a alma já não consegue crer em Deus, chega a duvidar de sua existência e se sente condenada ao inferno.

É importante que espíritos de grande altura testemunhem sua experiência de obscuridade, pois ela pertence à condição humana sempre frágil, sapiente e demente, sombria e luminosa. Há momentos em que, para muitos, tudo parece absurdo, especialmente quando não se sentem acolhidos, não amam nem são amados.

Outros, em determinadas ocasiões de sua existência, são tomados por um sentimento aterrador de querer crer em Deus e não poder aceitar a sua existência. E se creem, não percebem nenhum sinal de sua presença. São as noites escuras de que se referia São João da Cruz; sem estrelas-guias, sem esperança de que haja um novo amanhecer. Mas, ao final, todos saem purificados e mais íntimos de Deus.

Consideremos o caso surpreendente de uma noite escura vivida e sofrida pela canonizada Madre Teresa de Calcultá. Desde 1948 até a sua morte, em 1997 atravessou essa noite escura terrível e medonha.

Temos os testemunhos recolhidos pelo postulador de sua causa de beatificação e canonização, o canadense Brian Kolodiejchuk, no livro *Come Be My Light* (Venha, seja a minha luz). Como é notório, Madre Teresa vivia em Calcutá recolhendo moribundos das ruas para que morressem humanamente dentro de casa e cercados de pessoas. Fazia-o com extremo carinho e completa abnegação. Tudo indicava que o fazia a partir de uma profunda experiência de Deus.

Qual não foi nossa surpresa quando fomos informados, pelas suas inúmeras cartas que deixou a seus diretores espirituais, de seu profundo desamparo interior, verdadeira noite sem estrelas e sem esperança de um sol nascente. Essa paixão dolorosa durou quase 50 anos. Em agosto de 1959 escreveu a um de seus diretores espirituais: "Em minha própria alma sinto uma dor terrível. Sinto que Deus não me quer, que Deus não é Deus e que Ele verdadeiramente não existe".

Numa outra ocasião escreveu: "Há tanta contradição em minha alma: *uma profunda saudade de Deus,* tão profunda que me faz mal; um sofrimento contínuo e com ele o sentimento de não ser querida por Deus, rejeitada, vazia, sem fé, sem amor, sem cuidado; o céu não significa nada para mim, parece-me um lugar vazio".

Não somente os referidos São João da Cruz e Santa Madre Teresa de Calcultá tiveram suas noites escuras. Elas também podem ser encontradas em Santa Teresa d'Ávila, em Santa Terezinha do Menino Jesus, entre outros santos. Esta última, tão meiga, aquela que melhor deu expressão à mística das coisas cotidianas, escreveu em seu *Diário de uma alma*: "Não creio na vida eterna; parece-me que depois desta vida mortal não existe nada. Tudo desapareceu para mim, não me resta senão o amor".

Especialmente a Modernidade, centrada em si mesma e perdida dentro do imenso aparato tecnológico, com mil sons e cores, vive também essa ausência de Deus, que Nietzsche qualificou como "*a morte de Deus*". Não que Deus tenha morrido, porque então não seria Deus. Mas é o fato de que *nós o matamos*; vale dizer, não o fizemos mais um centro de referência, de sentido e de coesão pessoal e social. Em consequência disso, vivemos errantes, vagando sem rumo, a sós e sem esperança.

Dietrich Bonhöffer, teólogo luterano que participou do grupo que armou um atentado contra Hitler e na prisão foi enforcado – tornando-se mártir do nazismo –, captou essa experiência, aconselhando-nos a viver "como se Deus não existisse" (*etsi Deus non daretur*). Apesar dessa ausência dolorida, essas pessoas buscaram viver no amor, no serviço aos demais, no cultivo da solidariedade e do cuidado essencial. Estes são nomes seculares sob os quais se oculta e se revela a realidade divina.

Suspeitamos que Jesus conheceu essa noite terrível. No Jardim das Oliveiras sentiu-se tão só e angustiado, que chegou a suar sangue, expressão suprema de pavor. No alto da cruz, gritou ao céu: "Meu Deus, meu Deus, por que me abandonaste?" Não obstante essa experiência de "morte de Deus", Ele se entregou confiante: "Pai, em tuas mãos entrego meu espírito". Despojou-se de tudo. A resposta veio na forma de ressurreição, como a plenitude da vida.

A noite escura de Madre Teresa a ponto de dizer: "Deus verdadeiramente não existe" nos deixa uma perturbadora interrogação teológica. Ela decompõe todas as nossas representações de Deus. Essas são apenas analogias e acenos, porque a "Deus ninguém jamais viu", como atestam as Escrituras. Convivemos com o "nosso saber não sabendo, toda ciência transcendendo", no dizer de São João da Cruz.

Crer em Deus não é aderir a uma doutrina ou a um dogma. Crer é uma atitude e um modo de ser no mundo com os outros, determinado por valores que conferem excelência e sentido à nossa vida. Crer é entregar-se confiadamente a um Maior, mesmo que não entendamos totalmente o seu desígnio. Crer é aderir a Algo invisível, objeto de uma esperança que é "a convicção das realidades que não se veem" (Hb 11,1). Crer é acolher o Invisível como parte do visível. Crer é uma aposta, no dizer de Pascal, que conheceu também a sua noite escura; uma aposta de que a luz tem mais direito do que as trevas, de que a morte não pode deter o sentido da vida e que, no fundo, em tudo deve existir algum sentido secreto e que, por isso, vale a pena viver. Crer é cultivar a *saudade de Deus*.

Bem escreveu Rubem Alves, teólogo, sociólogo e poeta, que conheceu também as suas noites escuras: "Teologia não é coisa de quem acredita em Deus, mas de quem *tem saudades de Deus* [...]. Teologia é celebração de um Vazio que nada pode encher. É só por isso que dizemos que Deus é infinito; não porque o tivéssemos medido, mas porque sentimos o infinito do desejo que coisa alguma pode satisfazer". Só o Infinito que é Deus pode preencher nossa saudade infinita.

Simone Weil, a judia que se converteu ao cristianismo, mas não se deixou batizar em solidariedade a seus irmãos e irmãs judeus e judias condenados às câmaras de gás, dá-nos uma pista de compreensão: "Se quiseres saber se alguém crê em Deus, não repare como fala de Deus, mas como fala do mundo"; se fala na forma da solidariedade, do amor e da compaixão. Deus não pode ser encontrado fora desses valores. Quem os vive está na direção dele e junto dele, mesmo que negue a Deus.

O bispo-pastor, poeta e profeta Dom Pedro Casaldáliga, emérito de São Felix do Araguaia, MT, expressou em pequenos versos onde podemos encontrar Deus: na paz, na justiça e no amor. Referia-se indiretamente àqueles que ameaçavam e matavam camponeses e indígenas e se confessavam cristãos e católicos.

>Onde tu dizes lei
>Eu digo Deus.
>Onde tu dizes paz, justiça, amor
>Eu digo Deus.
>Onde tu dizes Deus
>Eu digo liberdade, justiça e amor.

Escondido atrás destes valores está Deus. Eles são o seu verdadeiro nome.

Madre Teresa de Calcutá, no amor aos moribundos, estava em comunhão com o Deus abscôndito. Agora que já se transfigurou, vive a presença de Deus face a face no amor e na comunhão, e faz a experiência referida ao Apocalipse quando fala dos padecimentos humanos e das muitas lágrimas: "Tudo isso passou" (Ap 21,4).

Ela serve de exemplo para tantos e tantas que nutrem *saudades de Deus* mas não conseguem se entregar, dobrar sua inteligência e abrir seu coração numa acolhida experiencial de Deus. Não importa. Mais vale viver o amor incondicionado, a sede de justiça, a misericórdia para com os caídos na estrada e a solidariedade para com sofredores, do que ter Deus continuamente nos lábios e não ser justo, amoroso e acolhedor de todos. Deus está presente nessas excelências existenciais. É o *ignotus Deus*, o Deus desconhecido, mas, finalmente, sempre o Deus vivo e verdadeiro.

6
Defender os irmãozinhos invisíveis debaixo da terra

Sabemos que somente 5% da vida são visíveis. Os restantes 95% são invisíveis, compostos de micro-organismos, bactérias, vírus e fungos. Um dos maiores biólogos vivos, Edward O. Wilson, de Harvard, escreveu: "em um só grama de terra, ou seja, menos de um punhado, vivem cerca de 10 bilhões de bactérias, pertencentes a até 6 mil espécies diferentes" (WILSON, E.O. *A criação* – Como salvar a vida na Terra. São Paulo: Companhia das Letras, 2008, p. 26).

Se assim é com apenas um punhado de chão, imaginemos os quintilhões de quintilhões de quintilhões de micro-organismos que habitam no subsolo de toda a Terra. Por isso, tem razão James Lovelock e seu grupo ao afirmar que a Terra é um superorganismo vivo. Não no sentido de um imenso animal, mas de um sistema que se autorregula e que articula o físico e o químico de forma tão inteligente e sutil, que sempre produz e reproduz vida, coisa que somente um ser vivo faz. Chamou-a de Gaia, nome grego para designar a Terra viva.

Nosso próprio corpo é um continente que abriga bilhões e bilhões de bactérias de cerca de mil espécies diferentes. Elas ajudam sua saúde, especialmente na digestão dos alimentos, como os carboidratos que nosso organismo sozinho não conseguiria assimilar. Na boca trabalham cerca de 200 tipos diferentes de bactérias, enquanto que no intestino delgado concentram-se cem milhões de bactérias por milímetro, e no cólon, por onde passam as fezes, enumeram-se cerca de cem bilhões de bactérias por milímetro de quase mil espécies diferentes.

Como se depreende, a vida comporta todos esses trabalhadores anônimos que garantem nosso equilíbrio vital. Todos eles estão inter-relacionados, sendo responsáveis pelo equilíbrio e pela saúde de nosso corpo e pela saúde da Terra viva. Se antes falamos da força dos pequenos (os pobres e esquecidos) com os quais particularmente a nova geração de teólogos e teólogas da libertação trabalha, também devemos reconhecer a incrível força desses pequeníssimos seres – bactérias, vírus e fungos – que estão na base da vitalidade da Mãe Terra.

Alarguemos nossa visão num nível planetário: graves ameaças pesam sobre a Casa Comum. Nosso planeta é atacado em todas as frentes pelo tipo de cultura inimiga da vida, que desenvolvemos nos últimos séculos. Ela se caracteriza pela exploração ilimitada de seus bens e serviços limitados, buscando avidamente a acumulação material de poucos às custas da vitalidade dos solos encharcados de agrotóxicos e elementos químicos artificiais, agressivos ao sistema-vida e ao sistema-Terra. Está ficando cada vez mais claro para os analistas que um planeta limitado não suporta um projeto de desenvolvimento/crescimento ilimitado. Os relatórios acerca do Dia da Sobrecarga da Terra (*Earth Overshoot Day*) – excessiva exploração dos bens e serviços da Terra que sustentam a vida – revelam que já tocamos nos seus limites. Ao exacerbar essa superexploração, ela pode se defender com eventos extremos a ponto de eliminar as espécies; eventualmente, até da nossa, a mais agressiva de todas.

Não obstante essa agressão sistemática, a Terra continua generosamente nos ofertando tudo do que necessitamos para viver e ainda nos brinda com a beleza das flores, a diversidade das plantas, as inúmeras espécies de animais e a incontável biodiversidade.

A mim impressionam as pequeninas flores vermelhas e amarelas de três vasos que pendem de uma das janelas de minha casa. Elas alegremente estão sorrindo para o universo. Isso me remete à frase do místico poeta alemão Angelus Silesius, que escreveu: "a flor é sem por que; ela floresce por florescer, não se preocupa se a olham ou não; ela simplesmente floresce, por florescer". Fazem-me ter a experiência, quase mística, do poeta inglês W. Blake: "Ver um mundo num grão de areia / E um céu numa flor silvestre / Segurar o infinito na palma da mão / E a eternidade em uma hora".

Nada é supérfluo na natureza. Com certo sentido de humor escreveu o Papa Francisco em sua Encíclica *Laudato Si' – Sobre o cuidado da Casa Comum*, referindo-se a São Francisco. Este pedia aos frades "que no convento se deixasse sempre, num canto da horta, um lugar para as ervas silvestres" (n. 12) porque do jeito delas também louvam o Criador.

Devemos cuidar desses microscópicos trabalhadores anônimos que garantem a fertilidade dos solos e são responsáveis pela inimaginável diversidade dos seres, dos frutos diferentes, da variedade de flores, da diversidade das plantas e também da existência dos seres humanos, em seus diferentes modos de ser. Com os bilhões de litros de agrotóxicos (só no Brasil são lançados anualmente no solo cerca de 760 bilhões de litros) os ameaçamos e irresponsavelmente lhes tiramos a vida. Transformamo-nos no satã da Terra, ao invés de sermos seu anjo da guarda, zeloso cuidador.

A humanidade é a primeira espécie na história da vida, cujos primeiros seres vivos surgiram há 3,8 bilhões de anos, a se tornar uma força geofísica mortífera. Ela é o meteoro rasante, capaz de criar as condições, por sua falta de cuidado e pela máquina de morte que criou, de exterminar a vida e a nossa civilização. Há quem diga que, com isso, foi inaugurada uma nova era geológica, o *antropoceno*. Quer dizer, o futuro da vida na Terra depende da atividade do ser humano que está se revelando mortífera, acelerando a sexta extinção em massa, já em curso há séculos, mas atualmente em exacerbada velocidade.

Não obstante tal guerra antropogênica, esses micro-organismos resistem a todas essas ações deletérias. Um naturalista francês, Jacob Monod, aventa a ideia de que, pelo eventual fracasso de nossa espécie, que até poderá desaparecer, um outro ser, capaz de suportar espírito, iria surgir no processo aberto da evolução, quem sabe, melhor e mais amante da vida do que a nossa espécie. Existe um candidato, uma espécie de molusco como as lulas e os polvos, os *cefalópodes*, com um psiquismo altamente desenvolvido, possuidor de dupla memória e de olhos dispostos como os nossos. Mas para isso seriam necessários milhares e milhares de anos de evolução (MONOD, T. *Et si l'aventure humaine devait échouer?* Paris: Grasset, 2000, p. 247-248).

Há ainda um fato surpreendente: as formigas totalizam 10 trilhões de membros e pesam o equivalente a 7,5 bilhões de pessoas. Os insetos, aos bilhões, são responsáveis pela polinização das flores que, posteriormente, se transformarão em frutos (cf. WILSON, E.O. *A criação...*, p. 42). É doloroso constatar que somente no ano de 2019 nos estados do sul do Brasil cerca de 500 milhões de abelhas, as maiores polinizadoras, desapareceram, muito provavelmente pela presença excessiva de agrotóxicos nas plantas e no ar.

Quem poderia imaginar que uma simples ervinha silvestre de Madagascar fornecesse alcaloides que curam a maioria dos casos de leucemia infantil aguda? Ou que um ignoto fungo da Noruega fornecesse uma substância que permite realizar o transplante de órgãos? Mais surpreendente ainda: a partir da saliva de sanguessugas foi desenvolvido um solvente que evita a coagulação do sangue durante e após as cirurgias? (cf. WILSON, E.O. *A criação...*, p. 39). Eis as "bondades da Mãe Terra", como diziam os povos andinos.

Consequentemente, todos esses seres, antes de mais nada, possuem valor em si mesmos pelo simples fato de terem surgido ao longo dos milhões de anos de evolução e de serem mais ancestrais do que nós humanos e, igualmente, serem generosamente úteis aos seus irmãos e suas irmãs maiores, que somos todos nós. As espécies ditas "daninhas", mas que, na realidade, são silvestres, enriquecem o solo, limpam as águas, polinizam a maioria das plantas com flores. Sem elas a nossa vida estaria sujeita a doenças e seria mais breve.

Essa legião de micro-organismos e minúsculos invertebrados, especialmente *os nematoides* (vermes cilíndricos) que constituem 4/5 quintos de todos os seres vivos da Terra, como nos afirmam os biólogos E. Wilson e P. Ehrlich (cf. WILSON, E.O. *A criação...*, p. 43), não estão aqui à toa, mas cumprir a sua função no processo cosmogênico e antropogênico. Nós precisamos deles para sobreviver, mas eles não precisam de nós. Apenas temos a missão de cuidar e de proteger todos os organismos vivos, visíveis e invisíveis, como também os demais bens e serviços naturais do Planeta Terra.

São Francisco pisava mansamente sobre o solo com receio de matar algum bichinho. Nosso andar os atropela, sem termos consciência de que, escondidos no subsolo, estão trilhões e trilhões de membros da comunidade de vida, nossos irmãos e irmãs microscópicos.

Os dois grandes cientistas norte-americanos Drick e Dawson nos revelaram ainda em 1953, ao descodificarem o código genético, que todos os seres vivos, desde a bactéria mais originária, passando pelas grandes florestas, os dinossauros, os mamíferos superiores, os cavalos e até os colibris, possuem o mesmo código genético de base: os 20 aminoácidos nucleicos e as 4 bases fosfatadas. Dito de outra forma: eles são constituídos de 20 espécies de tijolinhos com 4 diferentes tipos de cimento. Com a combinação desses tijolinhos, cada vez diferenciada e ajustada pelos diferentes tipos de cimento, surge a diversidade das formas de vida, a biodiversidade. Isso quer dizer – constatação enfatizada pela *Carta da Terra* e pela encíclica do Papa Francisco *Laudato Si' – Sobre o cuidado da Casa Comum* – que todos somos parentes entre nós: primos, irmãos e irmãs. Formamos a grande comunidade de vida, todos interdependentes, estabelecendo redes e teias de relações. Como poderemos nos sentir sós, quando estamos cercados por tantos familiares que concorrem juntos para continuarmos vivos e passarmos a vida adiante?

Ouçamos o apelo do grande biólogo e sábio criador da palavra biodiversidade e formulador da "biofilia" (amor à vida), Eduard O. Wilson: "A vida neste planeta não aguenta mais tantas pilhagens. Sem falar no imperativo moral universal de salvar a criação, com base tanto na religião como na ciência [...]. Os que hoje vivem na Terra têm que vencer a corrida contra a extinção, ou então serão derrotados para sempre. Eles conquistarão honrarias eternas ou o desprezo eterno" (WILSON, E.O. *A criação...*, p. 115).

Oxalá, tenhamos vencido. Não fizemos outra coisa senão obedecer simplesmente à nossa missão, inscrita no Livro do Gênesis, a de "cuidar e guardar do Jardim do Éden" (Gn 2,15), nossa querida e generosa Mãe Terra.

Segunda parte
Os pobres desafiam o mundo e a cultura

1
Princípios de uma ética mundial mínima

Vigora mundialmente um reconhecido e lamentável ocaso da ética. Reina um vale-tudo perigoso, especialmente quando exercido na ponta das altas tecnologias, como a nanotecnologia e a tecnologia de quarta e de quinta gerações que mexem no código da vida e criam a inteligência artificial e o mundo dos robôs inteligentes. Se não nos munirmos com a prevenção e com a precaução necessárias face a tais perigosos avanços tecnológicos, assumiremos o risco de possíveis efeitos deletérios para a natureza e para o futuro da vida, também humana.

O terrorismo e a violência generalizada nas relações internacionais demonstram a ausência de limites éticos, capazes de impedir o regresso a dimensões de grande desumanidade e até de barbárie.

Impõe-se a constituição de parâmetros mínimos que nos permitam salvaguardar a integridade da vida e conviver como seres sociais, nessa nova fase da humanidade, na qual todos, se encontrando na mesma e única Casa Comum, a Terra viva, são responsáveis pelo nosso futuro.

Dentre os múltiplos fatores da crise da ética em todos os níveis, nacionais e internacionais, enfatizamos apenas dois, pois atingem mais diretamente o coração da ética: um certo tipo de globalização que exclui grande parte das pessoas e a mercantilização generalizada de tudo, até das coisas mais sagradas, como órgãos, genes, água e sementes, entre outras coisas.

O processo de globalização vigente se realiza sob a vigência do fator econômico, de cariz capitalista e liberal, até na forma do ultraliberalismo. Esse é extremamente concentrador de riqueza e comparece como o maior responsável pelas desigualdades sociais entre os povos. Nessa modalidade impera a competição mais feroz e a ausência perversa de solidariedade. Vigora o ganha-perde e raramente o ganha-ganha.

Mas há outras formas de globalização, como a da política, da cultura e dos caminhos espirituais. Nesse contexto vem à tona os vários tipos de ética, consoante às diferenças culturais. Cada religião também faz derivar uma ética correspondente. *Cada ótica gera uma ética.*

Nesse confronto dos vários modelos de ética relativizou-se a ética dominante, a ocidental. Embora a globalização, em grande parte, significa uma ocidentalização do mundo, esta não pode reivindicar uma pretensa universalidade geral porque não deixa de ser regional e historicamente datada.

As múltiplas culturas do grande Oriente e as dos povos originários das várias etnias espalhadas nos cinco continentes revelaram igualmente que podemos ser humanos e éticos por formas muito diferentes.

Por exemplo, a cultura maia coloca sua cosmovisão e a ética centradas no coração. Segundo os maias, todas as coisas nasceram do amor de dois grandes corações, do Céu e da Terra. O ideal ético é criar corações sensíveis, bondosos, transparentes e verdadeiros em todas as pessoas.

Bem conhecida é a ética do *"bien vivir y convivir"* dos andinos, assentada no equilíbrio entre todas as coisas, entre os humanos, entre marido e mulher, com a natureza, as águas, os solos, as montanhas e com o universo inteiro. A economia não é para a acumulação, mas para o atendimento das necessidades de todos, a ponto de sequer existir a palavra pobre entre eles, pois ninguém é excluído e deixado à margem.

Tal pluralidade de caminhos éticos favoreceu uma relativização generalizada. Poderia haver uma correta compreensão da relativização no sentido de todos os modelos éticos estarem fundamentalmente em relação uns com os outros a respeito dos valores e princípios comuns (não matar, não roubar, respeitar pai e mãe etc.). Assim, a lei e a ordem, os valores da prática ética fundamental são os pré-requisitos para qualquer civilização em qualquer parte do mundo. Aí estaria embutida uma ética de coesão social e de orientação cooperativa e solidária das pessoas.

Observamos, no entanto, que a relativização foi entendida erroneamente, como se nada mais valesse verdadeiramente, ou que qualquer comportamento seria permitido ou tolerável. Tal compreensão equivaleria à perda de valores-guia e de comportamentos humanitários, como aquele de tratar sempre humanamente a cada um e a todos os seres humanos. Negar valor a tais atitudes levou ao fato de a humanidade estar cedendo diante da laxidão, rumo a uma verdadeira idade das trevas mundial. Tal é o descalabro ético, consequência de entender a relativização como algo não vinculante ou que qualquer coisa vale (*every goes*). As sociedades humanas não podem funcionar dessa forma.

Ao contrário, todos os humanismos, os caminhos espirituais e as religiões são convocados a gerar um consenso ético mínimo sobre alguns princípios e valores compartilhados, sem os quais a convivência entre todas as culturas e o futuro de nossa Casa Comum estariam comprometidos.

A tese básica, por exemplo, de Hans Küng, um dos pensadores que mais se debruçaram sobre uma ética mundial, é esta: "não haverá nenhuma ordem mundial sem um *ethos* mundial" (KÜNG, H. *Uma ética global para a política e a economia mundiais*. Petrópolis: Vozes, 1999). Avança mais com a seguinte afirmação programática: "não haverá paz entre as nações senão existir paz entre as religiões. Não haverá paz entre as religiões se não existir diálogo entre as religiões. Não haverá diálogo entre as religiões se não existirem padrões éticos globais. Nosso planeta não irá sobreviver se não houver um *ethos* mundial, uma ética para o mundo inteiro" (KÜNG, H. *Religiões do mundo* – Em busca dos pontos comuns. Campinas: Verus, 2004, p. 280).

O que se busca é uma convergência mínima na diversidade, sem a qual os humanos poderão se autodevorar e regredir à condição de natureza e de barbárie.

Vale citar as convergências na busca de uma ética mundial alcançadas na Conferência Mundial das Religiões em favor da Paz, realizada em Kyoto em 1970:

- há uma unidade fundamental da família humana, na igualdade e dignidade de todos os seus membros;
- cada ser humano é sagrado e intocável, especialmente em sua consciência;
- toda comunidade humana representa um valor;
- o poder não pode ser igualado ao direito; o poder jamais basta a si mesmo, jamais é absoluto e deve ser limitado pelo direito e pelo controle da comunidade;
- a fé, o amor, a compaixão, o altruísmo, a força do espírito e a veracidade interior são, em última instância, muito superiores ao ódio, à inimizade e ao egoísmo;
- deve-se estar, por obrigação, do lado dos pobres e dos oprimidos, e contra eus opressores;
- alimentamos a profunda esperança de que, no final, a boa vontade triunfará.

Eis aqui alguns princípios e valores que atendem aos reclamos mais profundos de uma ética universal, capaz de conferir dignidade e paz perene a todas as sociedades.

Um segundo grande empecilho à ética é aquilo que Karl Polaniy chamava, já em 1944, de "a grande transformação". É o fenômeno da passagem de uma *economia de mercado* para uma *sociedade de mercado e puramente de mercado.* Tudo se transforma em mercadoria, coisa já prevista por Karl Marx em seu texto *A miséria da filosofia*, de 1848, quando se referia ao tempo em que as coisas mais sagradas como a verdade, o saber e a consciência seriam levadas ao mercado; seria "tempo da grande corrupção e da venalidade universal". Como mercadoria, ganharia o seu devido preço.

Já vivemos este tempo (cf. BOFF, L. *A grande transformação*: na economia, na política e na ecologia. Petrópolis: Vozes, 2017). A economia, especialmente a especulativa, dita os rumos da política e da sociedade como um todo. A competição é sua marca registrada, e a solidariedade praticamente desapareceu.

Em maio de 2019 asseveraram os Prêmio Nobel de Economia Joseph Stiglitz e Dani Rodrik: "As novas formas financeiras contribuíram para aumentar o poder das grandes corporações. As fusões e aquisições suscitaram um maior controle dos mercados e promoveram campanhas *contra os direitos sociais e econômicos*, considerados um obstáculo à operação das leis de concorrência" (*IHU*, 13/05/2019). A nova direção política do Brasil, após as eleições de 2018, assumiu plenamente essa lógica mercantil que implicou uma desmontagem das leis trabalhistas e um enfraquecimento dos direitos sociais, econômicos e ambientais.

Qual é o ideal ético desse tipo de sociedade de puro mercado? É a capacidade de acumulação ilimitada e de consumo sem peias, gerando uma grande divisão entre um pequeníssimo grupo que controla grande parte da economia e as maiorias excluídas e mergulhadas na fome e na miséria. Dito numa linguagem compreensível a todos: a divisão se dá entre aqueles que comem até se sobressaturar e aqueles que não comem até gritarem caninamente.

Aqui se revelam traços de barbárie e de crueldade como poucas vezes na história.

Precisamos refundar uma ética que se enraíze naquilo que é específico nosso, enquanto humanos, na nossa natureza mais profunda e verdadeira e que, por isso, seja universal e possa ser assumida por todos.

Estimo que em primeiríssimo lugar vem a **ética do cuidado**. Segundo a fábula 220 do escravo Higino e bem-interpretada por Martin Heidegger (cf. HEIDEGGER, M. *Ser e tempo*. Petrópolis: Vozes 1989, p. 41-43), e também por mim em dois textos – *Saber cuidar* e *O cuidado necessário* –, constitui o substrato ontológico do ser humano; quer dizer, aquele conjunto de fatores sem os quais jamais surgiria o ser humano e outros seres vivos. Formulado diretamente: o cuidado é a essência do ser humano.

Pelo fato de o cuidado ser o que é, a essência do humano, todos podem vivenciá-lo experimentalmente e dar-lhe formas concretas, consoante sua cultura. O cuidado pressupõe uma relação amigável e amorosa para com a realidade, sendo a mão estendida para a solidariedade, e não o punho cerrado para a dominação (BOFF, L. *Saber cuidar* – Ética do humano; compaixão pela terra. Petrópolis: Vozes, 1999).

No centro do cuidado está a vida em sua imensa diversidade. Sem o cuidado nada existe, vive e subsiste. A civilização deverá, em consequência, ser biocentrada. A economia, a política e as demais atividades humanas, também espirituais, se ordenam à vida, à sua manutenção e expansão (cf. BOFF, L. *Ética e espiritualidade* – Como cuidar da Casa Comum. Petrópolis: Vozes, 2018). Não foi esta a proposta básica de Jesus: "vim trazer vida, e vida em abundância"? (Jo 10,10).

O correspondente oriental à ética do cuidado, mais de viés ocidental, é a **ética da com-paixão**, que não deve ser identificada com o simples ter pena do outro. A compreensão oriental é mais profunda: a com-paixão, a virtude pessoal de Buda, implica, em primeiro lugar, respeitar o outro assim como é e dispor-se a não interferir em sua vida, pois cada um possui um valor específico e um caminho próprio a seguir. Em segundo lugar, com-paixão significa não deixar quem sofre sozinho, mas assumir a paixão dele como própria (com). Vale dizer, ter empatia para com o outro, sair de si e colocar-se no lugar do outro para sofrer com ele; se está caído, levantá-lo; se está desesperado, dar-lhe esperança e igualmente dando passos com ele em sua caminhada. Esta é uma expressão da lei áurea de todos os caminhos éticos e espirituais: "faça ao outro o que queres que façam a ti". Ela é autoexplicativa e encarna um anelo profundo da natureza humana.

Outro dado de nossa essência humana é **solidariedade** e a ética que dela se deriva. Sabemos hoje pela bioantropologia que foi a solidariedade de nossos ancestrais antropoides, há milhões de anos, que permitiu dar o salto da animalidade para a humanidade. Buscavam os alimentos e não os consumiam individualmente, mas os traziam para o grupo e os consumiam solidariamente; primeiro os mais novos, em seguida os mais idosos e, por fim, os demais. Todos vivemos porque existiu e existe um mínimo de solidariedade, começando pelos membros da família. O que foi fundador ontem continua sendo-o ainda hoje.

Outro caminho ético, ligado à nossa estrita humanidade, é **"o princípio da responsabilidade"**, formulado pelo filósofo alemão Hans Jonas (cf. JONAS, H. *O princípio da responsabilidade* – Ensaio de uma ética para a civilização tecnológica. Rio de Janeiro: Contraponto/PUC-Rio, 2005). Ou assumimos juntos responsavelmente o destino de nossa Casa Comum e de nossa civilização, ou então seremos condenados a um caminho, sem retorno, já percorrido há 67 milhões de anos pelos dinossauros. Somos responsáveis pela sustentabilidade de Gaia e de seus ecossistemas, para que possamos continuar a viver junto com toda a comunidade de vida.

Ao princípio responsabilidade Hans Jonas agregou a importância do *medo coletivo*. Quando este surge e os humanos começam a se dar conta de que podem conhecer um fim trágico e até desaparecer como espécie, irrompe um medo ancestral que os leva a uma *ética de sobrevivência*. O pressuposto inconsciente é de que o valor da vida está acima de qualquer outro valor cultural, religioso ou econômico. Viver é melhor do que morrer miseravelmente por falta de cuidado nosso.

Por fim, importa resgatar a **ética da justiça** para todos. A justiça é o direito mínimo que tributamos ao outro, para que possa continuar a existir e coexistir junto com outros e a natureza, dando-lhe o que lhe cabe para ser pessoa com um mínimo de dignidade (cf. PEGORARO, O.A. *Ética e justiça*. Petrópolis: Vozes, 2010). Especialmente as instituições devem ser justas e equitativas para evitar as desigualdades, que tão severamente marcam nossas sociedades; os privilégios de grupos e as exclusões sociais que tantas vítimas produzem, especialmente com referência aos refugiados pelas guerras e pela fome e aos perseguidos politicamente.

Daí se explica o ódio e a intolerância que dilaceram a sociedade, particularmente no Brasil, que chegaram a contaminar a muitos do povo, mas ganharam sua expressão mais perversa naquelas elites endinheiradas que sempre viveram do privilégio.

Chegou-se a um tempo em que nós e vários outros países vivemos sob um regime de exceção, num Estado pós-democrático (CASARA, R. *Estado pós-democrático* – Neo-obscurantismo e gestão dos indesejáveis. Rio de Janeiro: Civilização Brasileira, 2018), no qual tanto a Constituição quanto as leis são pisoteadas ou mediante o uso da *Lawfare*, vale dizer, de uma interpretação distorcida da lei que o juiz, sem imparcialidade, pratica para prejudicar e condenar o acusado.

A justiça não vale apenas entre os humanos, mas também para com a natureza e a Terra, que são sujeitos de direitos, por serem vivos; substrato físico, químico e ecológico de nossa própria vida. Por essa razão se justifica que deva ser incluída, em nosso conceito de democracia, a agora ampliada democracia socioecológica.

Estes são alguns parâmetros mínimos para uma ética válida para cada povo e para a humanidade, reunida na Casa Comum. Devemos incorporar uma ética da sobriedade compartida para lograr o que dizia Xi Jinping, presidente da China: "uma sociedade moderadamente abastecida", ou como se proclama entre os ecologistas: uma "sobriedade compartida e solidária". Isso significa um ideal mínimo e alcançável por todos que se nutrem por um mínimo de humanismo. Caso contrário, a Terra eventualmente poderá não nos querer mais sobre ela e nos condenar a desaparecer.

2
A dignidade da Mãe Terra, titular de direitos

Face aos muitos transtornos que afetaram e continuam afetando, num crescendo irrefreável, o sistema-Terra, esta se tornou objeto das preocupações e dos cuidados das pessoas que acompanham o curso da história e a sua situação de estresse. Sendo mantida essa tendência dominante (*mainstream*) podemos conhecer cenários apocalípticos.

É um fato cientificamente reconhecido que as mudanças climáticas, com seus eventos extremos, cuja expressão maior se dá pelo aquecimento global é, com 95% de certeza, de natureza antropogênica. Quer dizer, possui sua gênese num tipo de comportamento humano agressivo e desrespeitoso face à natureza e ao planeta.

Esse comportamento não está em sintonia com os ciclos e ritmos da natureza. O ser humano não se adapta a ela mas a coage a se adaptar a ele e a seus interesses. Há séculos seu interesse maior se concentra na exploração desapiedada dos bens e serviços naturais em vista da acumulação ilimitada. Junto a isso segue a dominação de outros povos, o processo de recolonização da América Latina e a virulência com que uma pretensão imperial visa a se impor no mundo inteiro, sob a hegemonia dos Estados Unidos.

A forma como a Mãe Terra demonstra seu estresse face a seus limites intransponíveis é pelos eventos extremos: prolongadas estiagens de um lado e enchentes devastadoras de outro, nevascas sem precedentes por uma parte e ondas de calor insuportáveis por outra.

Por mais que a ONU tenha organizado as várias edições da Conferência das Partes (COP) sobre os climas, as poucas decisões aí firmadas não têm valor vinculante. Quem quiser pode, sob aplausos, segui-las, mas não são impostas penas para quem não as acolhe.

Está ficando cada vez mais claro que a questão é antes ética do que científica e econômica. Vale dizer, a qualidade de nossas relações para com a natureza e para com a Casa Comum não eram e não são adequadas, mas destrutivas.

Citando o Papa Francisco em sua inspiradora Encíclica *Laudato Si' – Sobre o cuidado da Casa Comum* (2015): "Nunca maltratamos e ferimos a nossa Casa Comum como nos últimos dois séculos... Essas situações provocam os gemidos da irmã Terra, que se unem aos gemidos dos abandonados do mundo, com um lamento que reclama de nós outro rumo" (n. 53).

Precisamos urgentemente de uma ética regeneradora da Terra. Esta deve lhe devolver a vitalidade vulnerada, a fim de que possa continuar a nos presentear com tudo o que sempre nos presenteou. Será uma ética do cuidado, do respeito a seus ritmos e da responsabilidade coletiva, como desenvolvemos brevemente no capítulo anterior.

Essa ética supõe reconhecer a dignidade da Terra como um ente vivo, responsável por toda vida nela.

O tema da *dignitas Terrae* é relativamente novo, pois a dignidade e os direitos eram reservados somente aos seres humanos, portadores de consciência e de inteligência. Predomina ainda uma visão antropocêntrica e sociocêntrica como se nós e a sociedade exclusivamente fôssemos portadores de dignidade. Esquecemos que somos parte de um todo maior. Como dizem renomados cosmólogos, se o espírito está em nós é sinal de que ele estava antes no universo do qual somos parte e fruto.

Há uma tradição da mais alta ancestralidade que sempre entendeu a Terra com a Grande Mãe, uma realidade viva que devemos imperiosamente respeitar e cuidar. As ciências da Terra e da vida vieram, pela via empírica, nos confirmar esta visão. A Terra é, comprovadamente, um superorganismo vivo, Gaia, que se autorregula para ser sempre apta a manter e reproduzir a vida nela.

A própria biosfera é um produto biológico, produzido, em parte, pelos próprios seres vivos, pois se origina da sinergia desses organismos vivos com todos os demais elementos da Terra e do cosmos. Criaram um *habitat* adequado para a sua vida, a biosfera, parte essencial da Terra, o que a faz ser Gaia, um superente vivo.

Portanto, não há apenas vida sobre a Terra. A Terra mesma é viva, e como tal possui um valor intrínseco e deve ser respeitada e cuidada como todo ser vivo. Este é um dos títulos de sua dignidade e a base real de seu direito de existir e de ser respeitada como os demais seres.

Os astronautas nos deixaram este legado: vista de fora da Terra, Terra e Humanidade fundam uma única *entidade, inseparáveis* (cf. WHITE, F. *The Overview Effect*. Boston: Houghton Mifflin Company, 1987). A Terra é um momento da evolução do cosmos, a vida é um momento da evolução da Terra, e a vida humana um momento posterior da evolução da vida. Por isso podemos dizer com razão que o ser humano é aquele momento em que a Terra começou a ter consciência, a sentir, a pensar e a amar. Somos a parte consciente e inteligente da Terra.

Se os seres humanos possuem dignidade e direitos, como é consenso dos povos, e se Terra e seres humanos constituem uma unidade indivisível, então podemos dizer que a Terra participa da dignidade e dos direitos antes reservados somente aos seres humanos.

Por isso, não pode sofrer sistemática agressão, exploração e depredação por um projeto de civilização que apenas a vê como algo sem inteligência (a *res extensa* de Descartes), à disposição do uso e do abuso dos seres humanos, buscando benefícios pessoais e coletivos. Tal prática é antiética e viola os direitos da natureza e da Mãe Terra, de poder continuar inteira, limpa e com capacidade de reprodução e de regeneração.

Em razão dessa nova consciência, está em discussão um projeto na ONU de se constituir um Tribunal da Terra que possa punir quem viola sua dignidade, desfloresta e contamina seus oceanos e destrói seus ecossistemas, vitais para a manutenção do equilíbrio terrestre.

Cosmólogos como Brian Swimme, o principal entre tantos outros, afirmam que a Terra em sua longa história de 4,3 bilhões de anos, guarda a memória ancestral de sua trajetória evolucionária, tecida pela vasta rede de relações com todos os demais seres e com o universo. Estes marcaram seu corpo e os processos que nela se realizam. Portanto, a Terra subjetividade e história. Logicamente, ela é diferente da subjetividade e da história humana. A diferença no que tange à consciência e à memória não é *de princípio* (todos são portadores de consciência e de memória), mas somente *de grau* (cada um à sua maneira e com sua devida proporção).

Aqui se deriva o fundamento para afirmar a dignidade da Terra e sustentar que ela é titular de direitos. De nossa parte há o dever de cuidá-la, amá-la e mantê-la saudável para continuar viva com todo o seu entorno, a comunidade de vida.

Elencamos os direitos mínimos e fundamentais da Mãe Terra e dos seres que nela habitam, como foram proclamados pelo presidente da Bolívia, o indígena Evo Morales Ayma, numa impressionante e inesquecível sessão da ONU no dia 23 de abril de 2009, na qual eu estava presente.

- o direito de sua regeneração e de sua biocapacidade;
- o direito à vida, garantido a todos os seres vivos, especialmente aqueles ameaçados de extinção;
- o direito de uma vida pura, porque a Mãe Terra tem o direito de viver livre de contaminações e poluições de toda ordem;

- o direito do bem-viver propiciado a todos os cidadãos;
- o direito à harmonia e ao equilíbrio, com todas as coisas da Mãe Terra;
- o direito de conexão com a Mãe Terra e com o Todo do qual somos parte.

À luz desses direitos respeitados poderá ser inaugurado um tempo novo, de uma *biocivilização*, na qual Terra e Humanidade, dignas e com direitos, reconheçam a recíproca pertença, a origem e o destino comuns.

Mas não é suficiente uma ética da Terra. Precisamos fazê-la acompanhar por uma espiritualidade. Sem ela, as leis e normas acabam perdendo as motivações que lhes subjazem. A espiritualidade é aquela aura de valores e de inspirações que motivam as pessoas a respeitarem as leis e normas para com a Mãe Terra.

A espiritualidade lança suas raízes na razão cordial e sensível. Disso nos vem a paixão pelo cuidado e o sério compromisso de amor, de responsabilidade e de compaixão para com a Casa Comum. Bem o expressou no final da Encíclica *Laudato Si'* – *Sobre o cuidado da Casa Comum*, o bispo de Roma e papa da Igreja universal, Francisco, ao enfatizar "uma paixão pelo cuidado do mundo, uma mística que nos anima com uma moção interior que impele, motiva, encoraja e dá sentido à ação pessoal e comunitária" (n. 216).

O conhecido e sempre apreciado Antoine de Saint-Exupéry, autor de *O pequeno príncipe*, num texto escrito em 1943 e publicado postumamente ("Carta ao General 'X'"), antes que seu avião se precipitasse no Mediterrâneo, afirma com grande ênfase: "Não há senão um problema, somente um: redescobrir que há uma vida do espírito que é ainda mais alta do que a vida da inteligência, a única que pode satisfazer o ser humano" (*Dare un Senso alla Vita*. Macondo Libri, 2015, p. 31).

Num outro texto – escrito em 1936, quando era correspondente do *Paris Soir*, durante a Guerra da Espanha, e que leva o título "É preciso dar um sentido à vida" – ele retoma o tema da *vida do espírito*.

Afirma enfaticamente: "o ser humano não se realiza senão junto com outros seres humanos, no amor e na amizade; no entanto, os seres humanos não se unem apenas se aproximando uns dos outros, mas se fundindo na mesma divindade [...]. Num mundo feito deserto temos sede de encontrar companheiros com os quais con-dividimos o pão" (Macondo Libri, p. 20). E no final da "Carta ao General 'X'", conclui: "Como temos necessidade de um Deus" (p. 36). É expressão da saudade de Deus, como o temos expresso em nosso texto.

Efetivamente, só *a vida do espírito* confere plenitude ao ser humano. Ela representa um belo sinônimo para espiritualidade, não raro identificada ou confundida com religiosidade. *A vida do espírito* é mais, é um dado originário de nossa dimensão profunda, um dado antropológico como a inteligência e a vontade, algo que pertence à nossa essência. Ela está na base do nascimento de todas as religiões e caminhos espirituais; é sua fonte borbulhante e originária que sempre surge e se atualiza.

Sabemos cuidar da *vida do corpo*, que hoje criou uma verdadeira cultura com suas inúmeras academias de ginástica. Os psicanalistas de várias tendências nos ajudam a cuidar da *vida da psiqué*, para levarmos uma vida com relativo equilíbrio, sem neuroses e depressões.

Mas em nossa cultura praticamente esquecemos de cultivar a *vida do espírito*, que é nossa dimensão radical, na qual se albergam as grandes perguntas, aninham-se os sonhos mais ousados e se elaboram as utopias mais generosas. A *vida do espírito* se alimenta de bens não tangíveis, como o amor, a amizade, a convivência amiga com os outros, a compaixão, o cuidado e a abertura ao infinito. Sem a *vida do espírito* andamos errantes por aí, sem um sentido que nos oriente e que torna a vida desejada e agradecida.

Uma ética da Terra não se sustenta sozinha por muito tempo sem esse *supplément d'âme*, que é a *vida do espírito*. Ele nos faz sentir parte da Mãe Terra, a quem devemos amar e cuidar. Pois essa é a nossa missão que o universo e Deus nos confiou para o bem de todos.

3
O poder: seus usos e abusos

As discussões sobre o poder não têm fim. *Poder* e *ser* coincidem; por isso, no fundo, são indefiníveis. Precisamos *ser* e *ter* poder para sermos e podermos ser o que somos. É necessário, no entanto, estabelecer alguns parâmetros que lancem alguma luz sobre esse tema tão complexo.

1) O poder não é uma coisa, mas uma relação – Poder não é, primeiramente, o Estado, a polícia, os sistemas jurídico e econômico. É uma relação entre pessoas e coisas. Todos são portadores de poder na medida em que se encontram enredados numa rede de relações. Nós nos influenciamos mutuamente e sofremos também o poder de uns e de outros.

Poder, então, é sinônimo de participação. Como tal, encontra-se difuso no corpo social e nas instituições. A sociedade, entendida como conjunto de relações, é a portadora originária do poder. Este não está acima, nem fora, mas sempre dentro da sociedade e existe em razão dela.

2) O poder é instância de direção – Na sociedade há muitos poderes que se articulam, se opõem ou estabelecem alianças entre si. É o jogo dos poderes e de interesses. Para assegurar uma unidade mínima da sociedade em vista de propósitos comuns necessita-se de uma instância de coordenação e direção. O poder difuso agora se cristaliza num foco determinado chamado *governo* ou *grupo de direção*. Cada grupo, na medida em que se institucionaliza e ganha coesão interna, precisa de um polo de animação e coordenação. Assim, o poder ganha visibilidade. Não deixa de ser relação, mas representa uma relação *formalizada e estabilizada*. Ele sempre surge debaixo e existe em função da sociedade, e não por si mesmo. O nível de cristalização do poder está em proporção direta à complexidade da sociedade. Quanto mais simples ela for, menos polo de poder necessita. Quanto mais complexa e contraditória, como uma nação, uma central sindical ou um grande partido, mais forte se torna o centro de poder.

3) O poder histórico é habitado por um demônio – Embora tenha surgido como função de coordenação da sociedade, o poder possui um dinamismo irrefreável de expansão e de autoasseguramento. O poder quer sempre mais poder. Caso contrário, perde sua força, até deixar de ser poder. Por causa dessa lógica o poder tende a se aliar a outros poderes ou a absorvê-los.

Hobbes, teórico do poder de Estado, constatou em seu famoso *Leviatã*: "Assinalo, como tendência geral de todos os homens, um perpétuo e irrequieto desejo de poder e de mais poder, que cessa apenas com a morte. A razão disso não reside num prazer mais intenso que se espera, mas no fato de que não se pode garantir o poder senão buscando mais poder ainda".

Lembremos que Adler rompeu com Freud por achar o poder e não o prazer a pulsão central da *psiqué*.

Famosa e sempre citada num contexto de corrupção é a frase do católico inglês Lord Acton (1843-1902): "O poder tem a tendência a se corromper e o absoluto poder a se corromper absolutamente".

Por que o poder é refém de um demônio insaciável? As respostas conhecidas parecem ser insuficientes. Talvez a questão remeta a um discurso que fale da decadência da vida humana, da quebra da solidariedade básica entre todos, do esquecimento da natureza criada e, por isso, limitada de todo poder.

É o discurso da teologia que pode, quem sabe, lançar alguma luz sobre esse campo dramático, carregado de tanta prepotência, conflitos, guerras, sangue e mortes, que é o poder como dominação.

Max Weber, um dos grandes teóricos do poder, deu-lhe uma definição que tomou como referência seu lado constrangedor, e não seu lado afirmativo. Para ele, "poder é fazer com que o outro faça aquilo que eu quero". Disse também, com acerto, que cabe ao Estado o uso legítimo da violência em função da manutenção da ordem e de coibir práticas de violência.

Por que não entender o poder como expressão da soberania popular, já que o povo é o portador originário do poder social? Seria um poder compartido e um serviço ao bem comum. O ético desse poder consiste em reforçar o poder dos cidadãos para que ninguém se sinta sem poder, mas participante nas decisões que afetam a todos. Já os antigos diziam: nas coisas que interessam a todos, todos podem e devem poder participar nas decisões.

Vejamos algumas formas de uso prático do poder:

• **O poder-mão-fechada** – É o poder autoritário, concentrado numa única mão, fechada; por isso, um poder não participativo e excludente. Coloca sob censura opiniões divergentes, pune contestações, desconfia dos cidadãos, governa infundindo medo. A única relação admitida é a adesão acrítica e a subserviência. Regimes ditatoriais e empresários-coronéis corporificam o poder-mão-fechada.

• **O poder-mão-estendida** – É o poder paternalista. O detentor de poder delega poder a outros, sob a condição de manter o controle e a hegemonia. A mão estendida dá tapinhas nas costas, facilitando a adesão. Organizações populares e sindicatos são até incentivados, desde que não tenham projeto próprio e aceitem se atrelar ao projeto dos grupos dominantes ou do Estado centralizador. Foi o que predominou no Brasil ao longo de nossa história política.

• **O poder-mão-entrelaçada** – É o poder participativo e solidário, representado pelas mãos que se entrelaçam para se reforçarem mutuamente e assumirem juntas a corresponsabilidade social. O projeto, sua implementação e os resultados são assumidos por todos. As organizações são autônomas, mas se relacionam livremente com outras, em rede, para alcançar objetivos comuns. É um poder que *serve a* sociedade, e não *se serve da* sociedade para outros fins. Esse é o poder intencionado pela democracia. Somente ele possui teor ético e pode ser chamado de autoridade. Usa-se o poder para potenciar o poder de todos. É o poder-serviço e instrumento de manutenção de uma ordem equilibrada e justa ou de transformações necessárias.

Para impor limites ao demônio que habita o poder (ele quer sempre mais poder) são imprescindíveis algumas medidas sanadoras. Destaco as principais:

• Todo poder deve ser submetido a um *controle*, normalmente pela ordenação jurídica em vista do bem comum. Deve vir por *delegação*; quer dizer: deve passar por processos de escolha dos dirigentes que representam a sociedade.

• Deve haver *divisão* de poderes para um limitar o outro.

• Deve haver *rotatividade* nos postos de poder, pois assim se evita o nepotismo e o mandarinato.

• O poder deve aceitar a *crítica externa*, submeter-se a uma *prestação de contas* e a uma *avaliação* do desempenho dos que o exercem.

• O poder vigente deve reconhecer e conviver com um *contrapoder* que o obriga a ser transparente ou ver-se substituído por ele.

- O poder tem seus *símbolos*, mas deve-se evitar títulos que têm a função negativa de ocultar seu caráter de delegação e de serviço.
- O poder deve ser *magnânimo*; por isso não se pode tripudiar sobre quem for derrotado, mas, antes, *valorizar* cada sinal positivo de poder emergente.
- O poder verdadeiro é aquele que *reforça o poder da sociedade, dos cidadãos* e, assim, propicia a participação de todos.
- Os portadores de poder nunca devem esquecer o *caráter simbólico* de seu cargo. Neles os cidadãos depositam seus ideais de justiça, equidade e inteireza ética.
- Por isso, os portadores de poder devem *viver privada e publicamente* os valores que representam para todos.
- Quando não há essa *coerência*, a sociedade se sente traída e enganada. Quem ambiciona excessivamente o poder é o menos indicado para exercê-lo.

Bem disse São Gregório Magno, que foi papa e prefeito de Roma entre 590 e 604: "Usa sabiamente o poder quem sabe geri-lo e, ao mesmo tempo, sabe resistir a ele".

Consideremos um outro tipo de exercício de poder que se distancia enormemente dos usos que acabamos de descrever e que são os convencionais em nossas sociedades. Vejamos como os índios Guaranis exerciam e exercem o poder entre eles.

Um pesquisador francês, Louis Necker, nos traz um relato impressionante acerca desse tema (cf. *Indios guranies y chamanes franciscanos*: las primeras reducciones del Paraguay (1580-1800). Asunción, 1990). Permito-me transcrever alguns tópicos ilustrativos de como se exerce o poder entre eles. "O chefe guarani não tinha poder de coerção. Seus 'súditos' aceitavam sua autoridade e sua preeminência só na medida das contraprestações que recebiam dele. O chefe dirigia os empreendimentos comunais [...]. Tinha um privilégio: a poligamia. Mas, por sua vez, tinha obrigações bem precisas, cuja não execução podia levar ao abandono de seus súditos: conduzir habilmente a política exterior do grupo, tomar decisões judiciosas em matéria econômica, repartir com justiça entre as famílias nucleares os lotes de terreno limpados em mutirão, manter a paz no grupo e muitas vezes ter qualidades de xamã, úteis ao grupo, como o poder de curar ou o controlar as forças sobrenaturais". Era muito importante que o chefe fosse eloquente. E sobretudo devia ser generoso. Como o notou Lévi-Strauss, nos povos do tipo dos Guaranis, "a generosidade é o atributo essencial do poder". Para conservá-lo o chefe devia sem cessar fazer presentes de bens, de serviços, de festas... "Na selva tropical, este tipo de obrigação podia ser tão pesado, que o chefe via-se obrigado a trabalhar muito mais do que os outros e a renunciar quase a toda posse para si mesmo. É o papel do chefe... dar tudo o que lhe pedissem. Em algumas tribos é possível reconhecer o chefe na pessoa que possui menos do que os outros e leva os ornamentos mais miseráveis. O resto foi dado como presente".

O cristianismo não escolhe a cultura na qual vai se encarnar, mas encarna-se naquela que encontra. Assim fez com a cultura do judaísmo da diáspora (judeus que viviam fora da Palestina), com o judaísmo palestinense, com a cultura grega da Ásia Menor, com a cultura imperial romana, com a anglo-saxônica, com a medieval e, por fim, com a moderna. Dessa encarnação nos veio o atual cristianismo, com as positividades e limitações próprias desses vários encontros. Especialmente a Igreja romano-católica assumiu o estilo de poder não pregado por Jesus, mas dos imperadores: poder absoluto e carregado de símbolos que subsistiram nos papas até o advento do Papa Francisco, que se libertou deles renunciando especialmente à famosa *mozetta* (capinha nos ombros carregada de ouro e de prata, símbolo maior do poder do imperador). E não quis morar em nenhum palácio pontifício. O Papa Francisco seguiu os passos do *poverello* de Assis e foi morar na casa de hóspedes, Santa Marta, onde se hospedam normalmente os bispos, prelados e padres que chegam em Roma.

Façamos um exercício de imaginação. Que tal se o cristianismo, ao invés de lançar raízes na cultura mediterrânea greco-latina e depois germânica, medieval e moderna, tivesse assumido a forma guarani de exercício de poder?

Então, encontraríamos padres paupérrimos, bispos miseráveis e o papa como um verdadeiro mendigo. Trabalhariam incansavelmente pelos fiéis. Sua marca registrada seria a generosidade sem limites.

Dessa forma, dariam um testemunho espontâneo e profundamente adequado ao sonho de Jesus. Ele pediu semelhante exercício do poder, como puro serviço: "sabeis que entre as nações, quem tem poder manda e os grandes dominam sobre elas; assim não há de ser entre vós; ao contrario, se alguém de vós quiser ser grande, seja vosso servidor; pois o Filho do Homem não veio para ser servido, mas para servir" (Mc 10,42ss.).

Oxalá esse exemplo dos Guaranis seja permanente autocrítica a todo poder, não só civil, mas também do eclesiástico. Seria inspirador de uma forma não dominadora do poder, realmente de rosto humano e a serviço da vida e do bem de todos.

4
A gentileza como virtude e como paradigma

Vivemos inegavelmente, em muitas partes do mundo, uma lamentável brutalização nas relações entre os povos e entre as pessoas. Surgiu pelo mundo afora uma onda de ódio contra outras posições políticas, intolerância religiosa, discriminações por raça e origem de classe e agressões de pessoas de outra opção sexual.

Desapareceram o bom-trato, a deferência, a educação cívica, o respeito que fundamenta os direitos humanos e os direitos da natureza e da Terra. Numa palavra, há uma dolorida falta de gentileza.

Mas houve um homem, enviado por Deus, que se autodefinia como Profeta Gentileza. Seguramente no Rio de Janeiro foi por muitos conhecida aquela figura singular, de cabelos longos, barbas brancas, vestindo uma bata alvíssima com apliques cheios de mensagens. Carregava um estandarte na mão, com muitos dizeres em vermelho. A partir dos inícios de 1970 até a sua morte, em 1996, percorria toda a cidade, viajava nas barcas Rio-Niterói, entrava nos trens e ônibus para fazer a sua pregação.

A partir de 1980 encheu 17 pilastras do Viaduto do Caju, perto da rodoviária do Rio, com inscrições em verde-amarelo, fazendo sua crítica do mundo atual e propondo sua alternativa ao mal-estar de nossa civilização. Não era louco como parecia, mas um profeta da têmpera dos profetas bíblicos como Amós e Oseias.

Como todo profeta, sentiu um chamado divino a partir de um acontecimento de grande densidade trágica: o incêndio do circo norte-americano em Niterói no dia 17 de dezembro de 1961, no qual foram calcinadas cerca de 400 pessoas.

Ele era um pequeno empresário de transporte de cargas em Guadalupe, bairro na periferia do grande Rio. Sabedor daquela tragédia, sentiu-se chamado a ser consolador das famílias daquelas vítimas.

Renunciou a tudo. Sobre um de seus caminhões colocou duas pipas de cem litros de vinho e se dirigiu às barcas em Niterói. Distribuiu o vinho em pequenos copos de plástico, dizendo: "Quem quiser tomar vinho não precisa pagar nada, é só pedir *por gentileza*, é só dizer *agradecido*".

José da Trino, esse era seu nome, começou a se chamar José Agradecido ou Profeta Gentileza. Interpretou a queima do circo como uma metáfora da queima do mundo assim como está organizado: ele é um circo montado pelo "capeta-capital... que vende tudo, destrói tudo, destruindo a própria humanidade".

Fez uma pequena miniatura do mundo-Gentileza ao transformar, por sua conta, o local do incêndio num belíssimo jardim, chamado "Paraíso Gentileza".

O quarto aplique de sua bata dizia: "Gentileza é o remédio de todos os males, amor e liberdade". E fundamentava assim: "Deus-Pai é Gentileza que gera o Filho por Gentileza... Por isso, Gentileza gera Gentileza".

Ensinava com insistência: em lugar de "muito obrigado" deveríamos dizer "agradecido", e ao invés de "por favor", usar "por gentileza" porque ninguém é obrigado a nada e devemos ser gentis uns para com os outros, e nos relacionarmos por amor, e não por favor.

Aqui aparece a gentileza como uma virtude a ser cultivada nos relacionamentos entre as pessoas. Mas ela possui uma dimensão mais profunda, que vai além da virtude. Tornou-se um princípio, vale dizer, um fator gerador de atitudes alternativas e civilizadas. Gentileza se transformou num paradigma que se contrapõe ao paradigma da Modernidade. Esta se rege pela vontade de potência, pelo poder como dominação do outro, de povos, da natureza e da própria vida.

O grande matemático e pensador francês Pascal se refere ao *espírito de geometria* (*esprit de géométrie*), típico do pensamento técnico-científico que tudo domina, tudo mede e tudo calcula. Mas junto a ele, formulou o *espírito de gentileza* (*esprit de finesse*), que comparece como um comportamento alternativo de convivência civilizada, urbana e cortês. Esse espírito de finesse e de gentileza foi descurado pela sociedade dominante e hoje se tornou uma urgência ética para humanizar as relações demasiadamente funcionais e frias da modernidade técnico-científica; não raro, marcadas pelo uso da violência e, por vezes, de forma truculenta.

A crítica do paradigma da Modernidade – a vontade de potência e o poder como dominação – não é monopólio dos mestres da suspeita ou nomeadamente da Escola de Frankfurt, com Habermas, Adorno, Benjamin, entre outros. O Profeta Gentileza, representante do pensamento popular e sapiencial, chegou à mesma conclusão que aqueles mestres. Mas foi mais certeiro do que eles ao propor a alternativa à vontade de potência e de dominação: a gentileza como irradiação do cuidado e da ternura essencial para com os outros e principalmente para com a natureza.

Esse paradigma, gentileza, tem mais chance de nos humanizar e de garantir a preservação da vida ameaçada do planeta do que aquele que ardeu no circo de Niterói, símbolo do mundo moderno.

A cultura do capital é uma das principais, embora não a única, responsável pelo aquecimento global e pela insustentabilidade do sistema-Terra e do sistema-vida.

Ou damos razão ao Profeta Gentileza e assumimos sua proposta do paradigma da gentileza que supõe uma relação respeitosa e cuidadosa para com a natureza, ou então poderemos ir ao encontro do pior. O futuro da vida e de nossa civilização depende da *gentileza* como virtude e como novo paradigma.

Podemos dizer: houve um homem simples e pobre, ignorante dos saberes científicos de nosso tempo, mas portador de uma sabedoria cordial e amiga da vida, que o universo nos brindou ou que nos foi enviado por Deus. Ofereceu-nos a chave para sairmos de nossos impasses atuais: pela virtude e pelo paradigma da gentileza.

Quem, entretanto, escutou e seguiu o Profeta Gentileza? Foi uma voz proclamada no deserto da cidade grande. Mas sua memória permaneceu e seu legado é continuamente lembrado e até feito canção, cantada pela conhecida Marisa Monte.

O Profeta Gentileza nos remete ao triste relato do Livro do Eclesiastes: "Havia uma pequena cidade de poucos habitantes. Um rei poderoso marchou sobre ela, cercou-a e levantou contra ela grandes obras de assédio. Havia na cidade um homem pobre, porém sábio, que poderia ter salvado a cidade com sua sabedoria. Mas ninguém se lembrou daquele homem, porque era pobre, e a cidade foi tomada e destruída" (Ecl 9,14-16).

Comenta, pesaroso, o Eclesiastes: "Mais vale a sabedoria do que o poder, mas a sabedoria do pobre é menosprezada e suas palavras não são ouvidas" (Ecl 9,16).

A atitude de desvalorização da sabedoria do pobre se atualizou na pessoa do Profeta Gentileza. Esta sabedoria possui uma verdade escondida que, descoberta e acolhida, poderá nos proteger de catástrofes altamente destrutivas.

Mas se cultivarmos o bordão "Gentileza gera gentileza", como uma relação alternativa gentil para com a natureza e a Casa Comum, em contraposição à agressividade de nosso processo industrialista, seguramente teremos escolhido o comportamento adequado que nos poderá salvar. Não precisamos que Martin Heidegger nos diga em sua entrevista póstuma: "Só um Deus nos poderá salvar" (*nur noch ein Gott kann uns retten*). Nós, convertidos à gentileza universal e incondicional, podemos salvar a natureza, a Terra e a nós mesmos.

5
Os pobres desafiam o *status quo* vigente

Atualmente grande parte da humanidade é constituída de pobres e de indigentes, condenados a morrer antes do tempo. Por detrás deles se esconde um oceano de doenças, sofrimentos e lamentações que bradam ao céu. A fome dizima anualmente milhões de pessoas, especialmente crianças. Indignado, dizia Gandhi: "A fome é um insulto. Ela avilta, desumaniza e destrói o corpo e o espírito... É a forma mais assassina que existe" (apud MADELY, J. *Foof for all*: the need for a new agriculture, 2002, p. 52).

Nada mais humanitário, social, político, ético e espiritual do que saciar a fome dos pobres da Terra. Um místico medieval da escola holandesa John Ruysbroeck (1293-1381) bem disse: "Se estiveres em êxtase diante de Deus e um faminto bater à sua porta, deixe o Deus do êxtase e vá atender o faminto. O Deus que deixas no êxtase é menos seguro do que o Deus que encontras no faminto". Essa troca revela, diante do próprio Deus, o caráter sagrado do pobre e do faminto.

Os níveis de pobreza mundial são estarrecedores. A Oxfam – uma das maiores ONGs do mundo, presente em vários países e assessorada por grandes especialistas da área da pobreza e da riqueza – apresenta dados oficiais sempre que os opulentos do sistema atual se reúnem em Davos, Suíça. No seu estudo de 2019, intitulado *Premiar o trabalho, e não riqueza*, afirmou

> Em 2018, o número de pessoas cujas fortunas superam 1 bilhão alcançou seu máximo histórico, com um novo bilionário a cada dois dias. Neste momento, em 2019, há 2.043 bilionários (em dólares) em todo o mundo. Além disso, 82% do crescimento da riqueza mundial, durante o ano de 2018, foi parar *nas mãos do 1% mais rico*, ao passo que a dos *50% mais pobres* da população mundial não aumentou sequer o mínimo. [...] *A riqueza do 1% da população mundial é maior do que a dos 99% restantes. A riqueza de apenas 42 pessoas é a mesma que a dos 3,7 bilhões mais pobres* (p. 8-9).

Tal fato pavoroso diz mais do que a palavra fria "desigualdade social mundial". Ético-politicamente traduz uma atroz injustiça social e, para quem se move no âmbito da fé judaico-cristã, essa injustiça social representa um pecado social e estrutural que afeta Deus e seus filhos e filhas.

A pobreza é sistêmica, pois é fruto de um tipo de sociedade cujo objetivo é acumular mais e mais bens materiais, sem qualquer consideração humanitária (justiça social) e ambiental (justiça ecológica). Ela pressupõe pessoas cruéis, cínicas e sem qualquer sentido de solidariedade, num contexto de altíssima desumanização e até mesmo de barbárie. O que para elas importa é o lucro em "vil metal", não os direitos pessoais, coletivos, da natureza e da Mãe Terra, feita mero baú de recursos a serem explorados até à exaustão.

No Brasil dos governos Lula da Silva e Dilma Rousseff foram tirados 36 milhões de pessoas da fome, com a possibilidade de comerem três vezes ao dia. Com as transformações políticas ocorridas após o golpe parlamentar-jurídico de 2016 pelo qual a Presidenta Rousseff foi, numa decisão considerada injusta, destituída do poder, até a presente data (out./2019) o país voltou ao mapa da fome. Cerca de

1 milhão de pessoas passou da pobreza para a miséria. O número de pobres aumenta constantemente. Pelo alto índice de desemprego, milhões de brasileiros não conseguem o alimento necessário e passam necessidades neste país extremamente rico.

Celso Furtado, nosso maior economista, que também era humanista, levou para a sepultura esta indagação: "Como é possível que em um país tão rico haja tantos atrasados e pobres"? (FURTADO, C. *O longo amanhecer*. São Paulo: Paz e Terra, 1999, p. 28).

Certa vez, Jesus, enchendo-se de compaixão, multiplicou 5 pães e 2 peixes para saciar centenas de famintos que o seguiam (Mc 6,38-40; 8,6-9). No núcleo central de sua mensagem se encontra o *Pai nosso* e o *pão nosso*, na famosa Oração do Senhor.

Somente está na herança de Jesus quem mantém sempre unidos o *Pai nosso* e o *pão nosso*: o impulso para cima, para a transcendência divina e o impulso para baixo, para a imanência terrestre. Céu e terra se unem sob o arco-íris do projeto de Jesus, do Reino de Deus. Só quem mantiver articulados esses dois polos poderá dizer: Amém.

Nessa união entre o *Pai nosso* e o *pão nosso* possivelmente se encontra o núcleo da intenção originária de Jesus (cf. BOFF, L. *Cristianismo*: o mínimo do mínimo. Petrópolis: Vozes, 2011, p. 101-128).

São múltiplas as interpretações que se dão à pobreza. Esclarecedora é a compreensão do Prêmio Nobel de Economia, o indiano Amartya Sen, criador da economia solidária. Para ele, a pobreza, inicialmente, não se mede pelo nível de ingressos nem pela participação nos bens e serviços naturais. O economista define a pobreza no marco do desenvolvimento humano, que consiste na *ampliação das liberdades substantivas*, como as chama; vale dizer: a possibilidade e a capacidade de produzir e realizar o potencial humano produtivo da própria vida. Ser pobre é ver-se privado da capacidade de produzir a cesta básica ou de aceder a ela. Assim, vê negados os direitos de viver com um mínimo de dignidade e com aquela liberdade básica de poder projetar *seu* sentido de vida.

Esse desenvolvimento humano proposto por Amartya Sen possui um eminente grau de humanismo e de uma decidida natureza ética. Daí o título de sua principal obra: *Desenvolvimento como liberdade*. Liberdade é entendida aqui como *liberdade para* ter acesso a alimento: saúde, educação, ambiente ecologicamente saudável, participação na vida social e em espaços de convivência e de lazer. Também é *liberdade de* todas as formas de desumanização e de mecanismos econômicos e sociais produtores de má nutrição e fome.

A Teologia da Libertação e a Igreja que lhe subjaz nasceram de um acurado aprofundamento da questão da pobreza, que é lida como opressão. Seu oposto não é a riqueza, mas a justiça social e a libertação. A opção pelos pobres contra a pobreza é a marca registrada desse tipo de teologia.

Sói distinguir, entre os teólogos/as da libertação, quatro tipos de pobreza.

O *primeiro* é aquele dos que não têm acesso à cesta básica e aos serviços sanitários mínimos. A estratégia tradicional era levar aqueles que tinham a ajudar os que não tinham. Disso nasceu uma vasta rede de assistencialismo e de paternalismo. Ajudava-se regularmente os pobres, mas eles eram mantidos na permanente dependência da generosidade alheia.

O *segundo* tipo de pobreza enfatiza o fato de o pobre, como ser humano, possuir inteligência, capacidade e habilidade de profissionalização. Com isso ele é inserido no mercado de trabalho, tendo garantido seu sustento e o de sua família. Essa estratégia é correta, mas politicamente insuficiente. Ela não dá conta do caráter conflitivo da relação social, capital-trabalho, patrão-operário, uma relação profundamente desigual que mantém a pessoa em situação de operário pobre. Na verdade, ela é incluída dentro do sistema que, em sua lógica de acumulação privada e excludente, continua produzindo pobres. Embora beneficiada por esse sistema, ela acaba, inconsciente e involuntariamente, reforçando-o, ao invés de superá-lo.

O *terceiro* tipo parte da convicção de que os pobres têm força transformadora e podem assumir uma posição de protagonismo. Quando conscientizado dos mecanismos que o fazem pobre (são empobrecidos e oprimidos) e organizados, podem projetar um sonho novo de sociedade mais justa e igualitária, mais respeitadora da natureza e cuidadosa face às fragilidades da Mãe Terra. Transformam-se, então, em protagonistas de outro tipo de sociedade, capazes de, junto com outros, dar um novo rumo à história. Desta perspectiva nasceram os principais movimentos: sociais, sindicais, indígenas, afrodescendentes, de mulheres, de direitos humanos e de outros grupos conscientizados na sociedade e nas Igrejas. Eles podem pôr em marcha uma transformação social.

Já o *quarto* tipo de pobreza, também chamado de *infância espiritual*, é aquele evangélico: *pobreza de espírito*, na formulação de São Mateus (5,3). Trata-se de um despojamento desinteressado, de superação de todo egoísmo, de renúncia a todo o instinto de posse, de vivência da liberdade interior e de não se deixar orientar pelos bens materiais, mas pela abertura aos pobres e pela entrega confiante a Deus.

Vale repetir: opta verdadeiramente pelos pobres contra sua pobreza, quem, de coração, os ama, com seu modo de ser, sua cultura, suas devoções e suas festas, inclusive sua forma de se dirigir a Deus. Esse se descentra de si e se centra no outro mais outro: o humilhado e ofendido, o sofredor e feito invisível, vivendo a verdadeira pobreza espiritual da qual se referem os evangelhos (cf. Mt 5,3).

Para uma percepção da fé bíblica, o pobre sempre será a imagem desfigurada de Deus, a presença do pobre de Nazaré, crucificado, que deve ser baixado da cruz. E por fim, no entardecer da história universal, serão os pobres, os juízes de todos, porque, famintos, nus e aprisionados, foram ou não foram acolhidos. Neles estava escondida a presença anônima do próprio Juiz Supremo, face ao qual, um dia, todos comparecerão e prestarão contas (cf. Mt 25,40.46).

6
A violência na sociedade e na natureza

Vivemos, nos níveis nacional e mundial, situações de violência que desafiam nosso entendimento. Não apenas de seres humanos contra outros seres humanos, especialmente no norte da África, no Sudão, no Oriente Médio e entre nós, mas também a violência contra a natureza e a Mãe Terra. O Papa Francisco em sua encíclica ecológica *Laudato Si' – Sobre o cuidado da Casa Comum* escreveu acertadamente: "Nunca maltratamos e ferimos a nossa Casa Comum como nos últimos dois séculos" (n. 53).

Não sem razão está sendo imposta a ideia de que inauguramos uma nova era geológica, o *antropoceno*, ou seja, o grande meteoro rasante ameaçador da vida no planeta é o próprio ser humano. Ele se fez satã da Terra, quando foi chamado a ser anjo bom e cuidador do Jardim do Éden.

A existência da violência – não raro, sob forma de aterradora crueldade – representa um desafio para a razão. Teólogos, filósofos, cientistas e sábios não encontraram até hoje resposta convincente.

Apresento sumariamente a proposta do notável pensador francês que viveu muitos anos nos Estados Unidos, falecido em 2015: *René Girard* (* 1923). Apreciava os textos maiores e fundadores da Teologia da Libertação a ponto de ele mesmo ter organizado em Piracicaba um encontro (25-29/06/1990) com vários teólogos e teólogas. Via nos ideais, no método e nos propósitos desse tipo de teologia a possibilidade de superação da lógica da violência e da contínua criação de bodes expiatórios.

De sua vasta obra, destaco *A violência e o sagrado* (São Paulo: Paz e Terra, 1990) e *Coisas escondidas desde o princípio do mundo* (São Paulo: Paz e Terra, 2009). Qual é a singularidade de Girard? Ele parte da tradição filosófico-psicanalítica que afirma ser o desejo uma das forças estruturantes do ser humano; somos seres de desejo. Este é insaciável. Sua natureza, vista por Aristóteles e bem fundamentada por Freud, é a de não conhecer limites. Ele deseja a totalidade dos objetos e a suprema felicidade, onde quer que ela se encontre, no tempo ou na eternidade. Por seu caráter ilimitado e sem freio, o desejo não é refém de um único e determinado objeto; ele é indeterminado, buscando determinações.

Dada a amplidão ilimitada do desejo, o ser humano não sabe como desejar; aprende a desejar imitando o desejo dos outros ("desejo mimético", na linguagem de Girard).

Isso se vê claro na criança. Não obstante os muitos brinquedos que possui, o que mais ela quer é o brinquedo de outra criança. E aí surge a rivalidade entre elas: uma quer o brinquedo só para si, excluindo a outra. Se outras crianças entrarem nesse mimetismo, origina-se um conflito de todos contra todos.

Esse mecanismo, afirma Girard, é paradigmático para toda a sociedade. Supera-se a situação de rivalidade-exclusão de todos contra todos quando todos deixam de lado suas tensões e se unem contra um indivíduo, fazendo-o bode expiatório. Ele é feito culpado de querer só para si o objeto. Ao se unirem contra ele esquecem a violência coletiva e criam um pretendido mínimo de paz.

Com efeito, as sociedades vivem criando bodes expiatórios. Culpados são sempre os outros: o Estado, o sistema financeiro dos bancos, um determinado partido, os comunistas, os políticos em geral, os juízes, a polícia, os corruptos, os pobres, e por aí vai. Importa não esquecer que o bode expiatório apenas oculta a violência social, pois todos continuam rivalizando entre si. Por isso, a sociedade goza de um equilíbrio frágil. De tempos em tempos, com ou sem bode expiatório explícito, a violência se manifesta especialmente naqueles que se sentem prejudicados e buscam compensações.

Isso é bem-expresso por Rubem Fonseca em seu livro *O cobrador* (Rio de Janeiro: Nova Fronteira, 1979). Um jovem de classe média empobrecida, por força das circunstâncias, pratica atos ilícitos. Sente-se roubado pela sociedade dominante e confessa: "Estão me devendo colégio... sanduíche de mortadela no botequim, sorvete, bola de futebol... estão me devendo uma garota de 20 anos, cheia de dentes e perfume. Sempre tive uma missão, e não sabia. Agora sei... sei que se todo fodido fizesse como eu o mundo seria melhor e mais justo".

Aqui se busca uma solução individual para um problema social. Na medida em que permanece individual não causa grande problema. Pelo contrário, os causadores principais da violência estrutural são as classes dominantes que acumulam para si às custas do empobrecimento dos outros. Quanto mais duramente se aplicam as leis contra os empobrecidos, mais seguras se sentem. Destarte, conseguem ocultar o fato de serem elas as principais causadoras de uma situação permanente de violência que o empobrecimento implica.

Mais ainda, vivemos num tipo de sociedade cujo eixo estruturador é a magnificação do consumo individualista. A publicidade enfatiza que alguém é mais alguém quando consome um produto exclusivo que os outros não têm. Suscita-se entre os que não têm um desejo mimético de possuir o objeto exclusivo. Inventam-se estratégias para se apossar desse bem. É nesse contexto que surge a lógica da violência, movida pelo desejo mimético.

Mas o desejo não é só concorrencial e competitivo, sublinha Girard. Ele pode ser cooperativo e solidário. Todos se unem para compartilhar do mesmo objeto. De concorrentes se fazem aliados. Tal propósito gera uma sociedade mais cooperativa do que competitiva e uma democracia participativa.

Nesse ponto, René Girard via o sentido político da Teologia da Libertação porque esta propõe uma educação, na linha de Paulo Freire (*Pedagogia do oprimido* e *Educação como prática da liberdade*) que não imita nem reproduz o opressor, mas o "vomita" para se tornar livre, viver uma prática de liberdade e atuar sem oprimir os demais.

Dessa forma, não é necessário criar bodes expiatórios, pois já se libertou internamente da opressão e não necessita descarregá-la sobre outrem. Assume-se a tarefa de construir uma sociedade de libertos, mais igualitária e inclusiva. Dito de uma forma menos utópica, mas realista, nas palavras do próprio Paulo Freire: gestar "uma sociedade menos malvada", na qual "não seja tão difícil o amor". Então, verdadeiramente haverá mais paz do que violência.

Mas conhecemos também outro tipo de violência, tremenda e devastadora: aquela que a própria natureza produz.

Quando vemos as devastações das cidades, com casas destruídas, plantas arrancadas, deslizamentos causadores de morte, como em Brumadinho, em Mariana ou nas cidades serranas do Rio de Janeiro em 2011, com centenas de mortos, e milhares de pessoas vitimadas por tsunamis, por tufões e fortes chuvas que tudo inundam e destroem bens familiares, logo nos sentimos como Jó e perguntamos, como lamento e em forma de oração:

> Deus, onde estavas naquele momento? Por que não acalmaste a natureza como Jesus fez com a tempestade no Lago de Nazaré? Por quê?
>
> Deus, onde estavas quando a fúria assassina do Tufão Mathew se abateu sobre o Haiti e os Estados Unidos? Por que não usaste o teu poder para amainar a virulência destruidora daqueles ventos e daquelas águas, inimigos da vida? Por que não interviste, se podias fazê-lo?

Sequer permitiste aos haitianos o tempo suficiente para se recuperarem da devastação causada pelo terremoto de 2010, no qual milhares e milhares morreram soterrados e viram suas cidades e casas arrasadas. Por que agora enviaste outro látego para açoitar e matar?
Tu bem sabes, Senhor: o povo haitiano foi o primeiro a se libertar da escravidão. No entanto, é um dos mais pobres do mundo. Negro, conheceu todo tipo de discriminação. Foi oprimido por ditadores ferozes, que fizeram da matança política de Estado. Tudo sofreu, tudo suportou. Não desistiu. Caído, estava se levantando do meio do pó das ruínas. E eis que novamente foi açoitado pela natureza rebelada. Onde está a tua piedade? Não são teus filhos e filhas, especialmente queridos, porque representam o Cristo crucificado?

Não entendemos os desígnios daquele que se revelou como Pai de infinita bondade. Ele pode ser Pai de uma forma misteriosa que não conseguimos compreender. Bem, dizem as Escrituras: "Ele é grande demais para que o possamos conhecer" (Jó 36,26).

Muito menos pretendemos ser juízes de Deus. Mas podemos, sim, gritar como Jó, Jeremias e o Filho do Homem no Jardim das Oliveiras e no alto da cruz. Jesus, queixoso, se perguntou: "Meu Deus, meu Deus, por que me abandonaste?" (Mc 15,34).

Nossos lamentos não são blasfêmias, mas um grito humilde e insistente a Deus: "Desperta! Não esqueça da paixão daqueles que atualizam a paixão de teu Filho bem-amado".

Seguramente, as invectivas de Jó contra Deus por causa do sofrimento incompreensível e as lamentações de Jeremias vendo Jerusalém conquistada, o templo, destruído e o povo, marchando escravo para o exílio na Babilônia, foram incluídas no rol das Escrituras judaico-cristãs para que nos servissem de exemplo.

Podemos gritar como Jó e nos lamentar como Jeremias. Mais ainda: podemos, no limite do desespero, bradar como Jesus na cruz, experimentando o inferno da ausência do Deus que sempre chamava de *Abba*, meu querido paizinho. Ele silenciou e não o livrou da morte na cruz.

Semelhante lamentação como a nossa expressou comovedoramente o Papa Bento XVI quando, no dia 28 de maio de 2006, visitou o campo de extermínio nazista de Auschwitz-Birkenau, onde mais de 1 milhão de judeus e outros foi enviado às câmaras de gás:

> Quantas perguntas surgem neste lugar. Onde estava Deus naqueles dias? Por que Ele silenciou? Como pôde tolerar esse excesso de destruição, este triunfo do mal? Vem-nos à mente o Sl 44, que diz: "Esmagaste-nos na região dos chacais e nos envolveste na mortalha de trevas. Por tua causa somos trucidados todos os dias, tratam-nos como ovelhas de matadouro. Desperta, Senhor! Por que dormes? Acorda (Sl 44,20.23-27).

Como nunca, o Papa Bento XVI se mostrou um finíssimo teólogo que, como homem de fé e sensível, ousou queixar-se diante de Deus.

Embora guardemos um nobre silêncio diante de tamanha dor, perseveramos na fé como Jó, Jeremias e Jesus. Jó chegou a dizer: *"Mesmo que me mates, Senhor, ainda assim continuo a confiar em ti. Antes te conhecia só por ouvir dizer, mas agora viram-te meus olhos"* (Jó 42,5). A última palavra de Jesus foi: *"Pai, em tuas mãos entrego o meu espírito"* (Lc 23,46).

Deus fez com que o Imperador Ciro, chamado de Messias, libertasse os hebreus do cativeiro e eles pudessem regressar à sua terra depois de longo exílio babilônico. Esse mesmo Deus ressuscitou Jesus crucificado para mostrar que a dor, mesmo misteriosa, não escreve o último capítulo da história, mas a vida em seu esplendor.

Na esperança ansiamos por aquele dia no qual "Deus enxugará as lágrimas de nossos olhos, a morte não existirá nem haverá luto, nem pranto, nem fadiga, porque tudo isso já passou" (Ap 21,4).

E nunca mais haverá tsunamis, nem Katrinas, nem Mathews, porque surgirá uma nova Terra onde o ser humano aprendeu a cuidar da natureza e esta nunca mais se rebelará contra ele.

Terceira parte
A missão das mulheres: garantir a vida

1
O feminino é primeiro, anterior ao masculino

A vida já existe na Terra há 3,8 bilhões de anos. O antepassado comum de todos os viventes foi provavelmente uma bactéria unicelular sem núcleo que se multiplicava espantosamente por divisão interna ou por clonagem. Na clonagem, se não houver controle sobre uma bactéria, se ela não tiver o seu predador, em três dias ela tomará conta do planeta, tal é sua vontade de vida, de automultiplicação e de autoafirmação. Mas sempre há um equilíbrio que autolimita esse processo; caso contrário, teríamos graves desequilíbrios ecológicos, a ponto de a vida se tornar impossível. Isso durou cerca de 1 bilhão de anos.

Em seguida surgiu uma célula com membrana e dois núcleos, dentro dos quais se encontravam os cromossomos. Nela se identifica a origem do sexo. Quando ocorria a troca de núcleos entre duas células binucleadas gerava-se um único núcleo com os cromossomos em pares. Antes, as células se subdividiam por clonagem, agora se dá a troca entre duas diferentes, com seus núcleos.

A célula se reproduz sexualmente a partir do encontro com outra célula. Revela-se assim a simbiose – composição de diferentes elementos – que, junto com o inter-relacionamento de todos com todos e a seleção natural, representa a força mais importante da evolução.

O que muitos biólogos dizem – inclusive o astrofísico Stephen Hawking, em seu livro *O universo numa casca de noz* (São Paulo: Mandarim, 2001), na evolução e no processo biogênico não há simplesmente o triunfo do mais adaptável, como defendia Darwin. Tal visão é muito estreita, pois não leva em conta as interdependências existentes entre todos os seres, já no seu nível físico-químico, bem antes do surgimento da vida. É essa interdependência, a cooperação de todos com todos, que constitui a linha-mestra do processo evolucionário.

A competição com as chances do mais adaptável triunfar só é possível dentro da interdependência e cooperação universal. O fraco também possui a sua chance, e graças à interdependência e à cooperação dos outros, sobrevive. Este princípio originário da interdependência e da cooperação universal funda a sustentabilidade, explicando a biodiversidade e a pujança da vida.

Christian de Duve, Prêmio Nobel de Medicina, chega a dizer em seu conhecido livro *Poeira vital – A vida como imperativo cósmico* (Rio de Janeiro: Campus, 1997, p. 368), que a "vida é como uma espécie de praga tão violenta, que jamais se conseguiu exterminá-la". Ocorreram na história da Terra 15 grandes dizimações de espécies vivas, mas ela, a Terra, conseguiu sempre refazer a biodiversidade e ainda enriquecê-la.

Quando surgiu a sexualidade com a bipolaridade masculino/feminino, como veremos logo abaixo, junto surgiu a grande diversidade e singularidade dos seres vivos. A troca do material genético se dá sempre sob um quociente quântico; isto é, sempre está vigente o princípio de indeterminação, a imponderabilidade e a surpresa. Não se sabe jamais exatamente o que resulta das conjunções e que enriquecimentos ocorrem a partir dos dois tipos de capital genético, da mulher e do homem.

Tal fato tem consequências filosóficas: a vida é tecida mais de trocas, de cooperação e simbiose do que da luta competitiva pela sobrevivência e pela concorrência no nível dos negócios.

Quando se alcança o nível consciente e livre, essa riqueza e essa troca passam da dimensão da exterioridade biológica para a dimensão da interioridade subjetiva e do projeto pessoal.

Não se pode subestimar a força intrínseca da sexualidade. O ser humano não tem sexo; ele é inteiramente sexuado, no corpo e na alma, sendo tão essencial que por ele passam a reprodução, a continuidade da vida. O que podemos dizer é que isso é uma realidade extremamente complexa e misteriosa.

O filósofo francês *Paul Ricoeur*, que muito refletiu sobre a Teoria Psicanalítica de Freud, escreveu: "A sexualidade, em seu fundo, permanece, talvez, impermeável à reflexão e inacessível ao domínio humano; talvez essa opacidade faz com que ela não possa ser reabsorvida numa ética nem numa técnica" (*Revista Paz e Terra*, n. 5, 1979, p. 36).

Ela vive entre a lei do dia, quando vigoram os comportamentos estatuídos, e a lei da noite, quando funcionam as pulsões livres. Só uma ética do respeito face ao outro sexo e o autocontrole permanente sobre essa energia vulcânica podem transformá-la em expressão de afeto e de amor, e não em obsessão, chegando até à perversão.

A sexualidade como afeto e amor não é regida pelo código genético, descrito pela biologia. Nesse aspecto passam a vigorar outros princípios, ligados à cooperação consciente, ao cuidado, à amorosidade, sobre os quais se estruturam relações novas, criativas e livres.

Retomando o fio da meada: nos dois primeiros bilhões de anos, nos oceanos de onde irrompeu a vida, não existiam órgãos sexuais específicos. Existia uma existência feminina generalizada que, no grande útero dos oceanos, lagos e rios, gerava vidas. Nesse sentido podemos dizer que *o princípio feminino é primeiro e originário*.

Só quando os seres vivos deixaram o mar, lentamente foi surgindo o pênis, algo masculino, que tocando a célula feminina passou a levar a ela parte de seu DNA, onde se encontram os genes.

Com o aparecimento dos vertebrados há 370 milhões de anos, com os répteis, estes criaram o ovo amniótico, cheio de nutrientes, e consolidaram a vida em terra firme. Com o aparecimento dos mamíferos há cerca de 125 milhões de anos surgiu uma sexualidade definida: macho e fêmea. Nisso emergiu o cuidado, o amor e a proteção da cria. Há 70 milhões de anos apareceu o nosso ancestral mamífero, que vivia na copa das árvores, nutrindo-se de brotos e de flores. Com o desaparecimento dos dinossauros há 67 milhões de anos, puderam ganhar o chão e se desenvolver, chegando aos dias de hoje.

Cabe detalhar melhor a complexidade implicada na sexualidade na compreensão ocidental e, brevemente, na oriental.

O *sexo genético-celular* humano apresenta o seguinte quadro: a mulher se caracteriza por 22 pares de cromossomos somáticos mais dois cromossomos X (XX). O do homem possui também 22 pares, mas com apenas um cromossomo X e outro Y (XY). Daí se depreende que o *sexo-base é feminino* (XX), sendo que o masculino (XY) representa uma derivação dele por um único cromossomo (Y). Portanto, não há um sexo absoluto, apenas um dominante. Em cada um de nós, homens e mulheres, existe "um segundo sexo".

Com referência ao *sexo genital-gonodal* importa destacar que nas primeiras semanas o embrião apresenta-se andrógino, vale dizer, possui ambas as possibilidades sexuais, feminina/masculina. A partir da oitava semana, se um cromossomo masculino Y penetrar no óvulo feminino, mediante o hormônio androgênio, a definição sexual será masculina. Se nada ocorrer, prevalece a base comum, feminina. Em termos do sexo genital-gonodal podemos dizer: *o caminho feminino é primordial*. A partir do feminino se dá a diferenciação, o que desautoriza o fantasioso "princípio de Adão". A rota do masculino é uma modificação da matriz feminina por causa da secreção do androgênio pelos testículos.

Existe ainda o *sexo hormonal*. Todas as glândulas sexuais no homem e na mulher são comandadas pela hipófise, sexualmente neutra, e pelo hipotálamo, que é sexuado. Essas glândulas secretam no homem e na mulher os dois hormônios: o androgênio (masculino) e o estrogênio (feminino), sendo responsáveis pelas características secundárias da sexualidade. A predominância de um ou de outro hormônio produzirá uma configuração e um comportamento com características femininas ou masculinas. Se no homem houver uma impregnação maior do estrogênio, terá alguns traços femininos; o mesmo se dá com a mulher com referência ao androgênio.

Por fim, importa dizer que a sexualidade tem uma *dimensão ontológica*. O ser humano não possui sexo; ele é sexuado em todas as suas dimensões: corporais, mentais e espirituais. Até à emergência da sexualidade, o mundo é dos mesmos e dos idênticos. Com a sexualidade surge a diferenciação pela troca entre diferentes; são diferentes para poderem se inter-relacionar e estabelecer laços de convivência.

Tal fato tem consequências filosóficas: a vida é tecida mais de trocas, de cooperação e simbiose do que da luta competitiva pela sobrevivência.

É o que ocorre com a sexualidade humana: cada um, além da força instintiva que sente em si, também sente a necessidade de canalizar e sublimar tal força. Quer amar e ser amado; não por imposição, mas por liberdade. A sexualidade desabrocha no amor, a força mais ponderosa "que move o céu e as estrelas" (Dante), e também nossos corações. É a suprema realização que o ser humano pode almejar.

Mas retenhamos este fato: *o feminino é anterior, ele surge primeiro e é básico*. O masculino só veio muito mais tarde no processo da sexogênese. Mas ambos se encontram para compor a unidade diversificada da espécie humana, de mulheres e de homens.

Convém referir, embora muito brevemente, à tradição oriental em sua expressão no yoga. Quanto à sexualidade, ela desenvolveu uma compreensão mais complexa e rica do que a ocidental – que é pobre em sutileza e profundidade –, afirmando que na sexualidade pode-se encontrar a culminância da experiência do êxtase e da contemplação.

A antropologia yoga trabalha com os sete chacras, centros energéticos do corpo humano, e com o despertar da kundalini, que é uma palavra sânscrita para significar a energia da serpente cósmica; é aquela energia universal que preenche todo o universo, representada pelo dragão e pela serpente alada. A kundalini, qual serpente, estaria enrolada dentro de cada um de nós na parte inferior do corpo (no cóccix). Na kundalini se concentra a força da sexualidade. Uma vez despertada, ela vai se desenrolando e passa, subindo, pelos sete centros energéticos do corpo, até emergir na cabeça e novamente voltar ao cosmos. Isso faz com que o ser humano se transfigure e tenha a oportunidade de fazer uma experiência global de sua humanidade.

A kundalini passa por muitos estágios: o instintivo e rudimentar; o reprodutivo (o chacra dos órgãos genitais); o solar, com o qual nos ligamos a todo o universo; o do coração, que propicia a experiência do amor e da cordialidade; o do pulmão, com o qual inspiramos e expiramos energia; o do terceiro olho, que nos permite ver a terceira margem da realidade – portanto, uma visão de totalidade – e, finalmente, o da glândula pineal, na cabeça, que propicia uma experiência de totalidade, de não dualidade e de comunhão com o Todo cósmico.

Nessa experiência, a realidade do amor não só funde os dois parceiros, mas toda a realidade. A tradição yoga diz que a relação sexual humana é integradora e realizadora quando perfaz todo o percurso dos sete centros energéticos, quando ela for uma experiência sexual-genital, de ligação com as energias do universo, de amor, de visão global e de fusão cósmica.

Em nossa cultura, entretanto, ela ficou preferentemente reduzida ao primeiro chacra, aos órgãos genitais, àquela excitação erótica que desperta os sentidos e se entrega ao desfrute instintivo. Dificilmente sobe para o enternecimento, para a experiência do amor, experiência de visão, de alargamento da consciência, para chegar à superação da dualidade, onde homem e mulher mergulham na Fonte divina.

Essa compreensão mais integradora e holística revela melhor o mistério que a sexualidade esconde, aquela dimensão ligada à reprodução da vida e, ao mesmo tempo, permite uma comunhão com Aquele que se revelou como a Fonte originária de tudo o que existe e vive.

2
O Gênesis reescrito: a desconstrução do matriarcado pelo patriarcado

Os estudos sobre a antropogênse, sobre como surgiu a espécie humana ao longo da evolução, bem como as formas históricas encontradas de relação entre homens e mulheres, significou um verdadeiro trabalho de arqueologia. Mitos foram reconhecidos como a grande linguagem do inconsciente coletivo. Surgiu uma nova hermenêutica, quer dizer, uma nova interpretação dos mitos para neles identificar significados, conflitos e soluções dadas historicamente, tanto pelas mulheres quanto pelos homens. É uma verdadeira arqueologia da psiqué profunda e inconsciente que se revela e estrutura através dos mitos.

Houve uma época em que não se aceitava a existência histórica do matriarcado, por insuficiência de dados. As pesquisas arqueológicas, os estudos da psicologia do profundo da escola de Carl Gustav Jung, em especial de seu melhor discípulo Eric Neumann, sobre a Grande Mãe (*Die grosse Mutter*) e de outros, confirmaram o fato de que realmente existiu uma fase matriarcal da história humana ocorrida há cerca de 20 mil anos. Primeiramente foi identificada na Bacia do Mediterrêneo e depois em quase todas as partes do mundo.

Descobriram-se figuras femininas da divindade, as grandes mães de mil seios, simbolizando a fecundidade da mulher.

Essas sociedades nas quais à mulher cabia a direção da sociedade eram profundamente ecológicas, integradas na natureza, pacíficas e inclusivas de todos. O ideal do homem era o de, no além, ser também gerador de vida, como as mulheres.

Mas os tempos mudaram e com eles as relações entre homens e mulheres. Provavelmente o desenvolvimento de instrumentos e de tecnologias mais efetivas no domínio da natureza e na consecução dos alimentos, exigindo mais força física, permitiu aos homens ganharem lentamente mais proeminência. Estudos revelam como os homens se valeram dessas vantagens evolutivas e como elaboraram estratégias para desbancarem o matriarcado e introduzirem o patriarcado; quer dizer, o domínio do homem sobre a mulher e a ocupação de todos os espaços públicos por ele.

Esse fato não ocorreu de um dia para o outro, mas demandou um lento e progressivo processo, até se impor de forma definitiva por volta de 10-12 mil anos atrás. Deu-se uma verdadeira luta dos sexos, luta de gênero, que continua até os dias atuais.

Assim, é emblemática a forma como foi retrabalhado o pecado de Adão e Eva. Nele se revela todo um esforço de desmonte do matriarcado por parte do patriarcado. Essa releitura se tornou acessível graças às investigações multidisciplinares de duas eruditas teólogas feministas, Riane Eisler (*Sex Myth, and Poilitics of the Body* – New Paths to Power and Love. São Francisco: Harper, 1955) e Françoise Gange (*Les dieux menteurs*. Paris: Indigo/Côtes Femmes, 1997).

Segundo essas duas autoras, houve um meticuloso processo de culpabilização das mulheres no sentido de legitimar e consolidar o domínio patriarcal. Os ritos e símbolos sagrados do matriarcado foram diabolizados e retroprojetados às origens na forma de um relato primordial, com a intenção de apagar totalmente os traços do relato feminino anterior. O atual relato do pecado das origens, acontecido no paraíso terrenal, coloca em xeque quatro símbolos fundamentais da religião das grandes deusas-mãe.

O primeiro símbolo a ser atacado foi a própria mulher (Gn 3,16) que, na cultura matriarcal, era dotada do sexo sagrado, gerador de vida. Como tal, ela simbolizava a Grande Mãe, a Suprema Divindade.

Em segundo lugar, desconstruiu-se o símbolo da serpente, considerado o atributo principal da Deusa Mãe. Ela representava a sabedoria divina, que se renovava sempre como a pele da serpente.

Em terceiro lugar, desfigurou-se a árvore da vida, sempre tida como um dos símbolos principais da vida. Ligando o céu com a terra, a árvore continuamente renova a vida, como fruto melhor da divindade e do universo. Gn 3,6 diz explicitamente que "a árvore era boa para se comer, uma alegria para os olhos e desejável para se agir com sabedoria".

Em quarto lugar, destruiu-se a relação homem-mulher, que originariamente constituía o coração da experiência do sagrado. A sexualidade era sagrada, pois possibilitava o acesso ao êxtase e ao saber místico.

Ora, o que fez o atual relato do pecado das origens? Inverteu totalmente o sentido profundo e verdadeiro desses símbolos. Dessacralizou-os, diabolizou-os e os transformou de bênção em maldição.

A mulher será eternamente maldita, feita um ser inferior. O atual texto bíblico diz explicitamente que "o homem a dominará" (Gn 3,16). O poder da mulher de gerar a vida foi transformado numa maldição: "multiplicarei o sofrimento da gravidez" (Gn 3,16). Como se depreende, a inversão foi total e com consequências altamente negativas para o imaginário posterior, controlado pelos homens.

A serpente é maldita (Gn 3,14) e feita símbolo do demônio tentador. O símbolo principal da mulher foi transformado em seu inimigo: "porei inimizade entre ti e a mulher... tu lhe ferirás o calcanhar" (Gn 3,15).

A árvore da vida e da sabedoria, na atual leitura patriarcal, vem sob o signo do interdito (Gn 3,3). Antes, na cultura matriarcal, comer da árvore da vida era se imbuir de sabedoria. Agora, comer dela significa um perigo mortal anunciado por Deus mesmo: "não comais do fruto da árvore do meio do jardim, sequer a toqueis; do contrário morrereis" (Gn 3,3).

O cristianismo posterior substituirá a árvore da vida pelo lenho morto da cruz, símbolo do sofrimento redentor de Cristo.

O amor sagrado entre o homem e a mulher vem distorcido: "entre dores darás à luz os filhos; a paixão arrastar-te-á para o marido e ele te dominará" (Gn 3,16). A partir de então não foi mais possível uma leitura positiva da sexualidade, do corpo e da feminilidade.

Aqui se operou, consoante as referidas autoras, uma desconstrução total do relato anterior, feminino e sacral. Reescreveu-se o relato original das origens de forma a contaminar todas as significações posteriores. Todos somos, bem ou mal, reféns do relato adâmico, antifeminista e culpabilizador.

O trabalho das teólogas Riane Eisler e Françoise Gange pretende ser intencionalmente libertador: mostrar o caráter construído do atual relato dominante, centrado sobre a dominação, o pecado e a morte, propondo uma alternativa mais originária e positiva na qual apareça uma relação nova com a vida, com o poder, com o sagrado e com a sexualidade.

Essa interpretação não visa repristinar uma situação passada. Mas, ao reafirmar a existência do matriarcado, que deixou marcas indeléveis no inconsciente coletivo e nos comportamentos entre os sexos, relativizar o patriarcado ainda atuante. Urge encontrar um ponto de equilíbrio entre ambos, entre o masculino e o feminino, para que os valores singulares de cada um permitam uma convivência mais harmoniosa, distentida e feliz.

Estamos assistindo a uma mudança de paradigma nas relações masculino/feminino. Essa mudança deve ser consolidada com um pensamento profundo e integrador que possibilite uma felicidade pessoal e coletiva maior do que aquela debilmente alcançada sob o regime patriarcal. Mas isso só se consegue descontruindo relatos que destroem a harmonia masculino/feminino e construindo novos símbolos que inspirem práticas civilizatórias e humanizadoras para os dois sexos. É o que as feministas, antropólogas, filósofas e teólogas e outras pessoas envolvidas na causa estão fazendo com expressiva criatividade.

Importa destacar que há teólogos que se somaram ao esforço das teólogas e de outras mulheres, assumindo dados relevantes da pesquisa sobre as relações tensas de gênero havidas em nossa longa história, no sentido de gerar uma nova consciência nas Igrejas e na sociedade, suscitando práticas mais equilibradas e integradoras entre homens e mulheres, feitos ambos à imagem e semelhança de Deus (Gn 1,26.27), parceiros de caminhada no curto tempo que nos é concedido passar neste pequeno, azul e branco Planeta Terra.

3
Indicações para um equilíbrio dos gêneros

Todas as religiões e suas teologias apresentam uma forma singular de entender a dualidade na espécie humana, homem e mulher, e o tipo de relações que se estabelecem entre os gêneros. A maioria das tradições atuais é marcada pelo patriarcalismo milenar, fazendo que a relação entre o homem e a mulher seja de desigualdade e de supremacia masculina.

A maioria, no entanto, procura, nos dias atuais, afinar-se com a luta das mulheres, que já vem do século XIX, por relações de igualdade e de reciprocidade de gênero, superando assim o patriarcalismo e sua forma mais extremada, o machismo.

A tradição judaico-cristã formulou seus textos bíblicos baseando-se na cultura patriarcal. Por isso, apresenta contradições, e não raro reforça a posição do homem em detrimento da mulher. Mas conheceu também mulheres-símbolos como Sara, Raab, Rute, Ana (mãe do Profeta Samuel), Débora (juíza e líder de guerra), Rebeca, Raquel, Ester, Priscila, Áquila e especialmente Maria de Nazaré, entre outras.

Queremos aqui recolher os pontos positivos dessa tradição bíblica para reforçar a busca de um equilíbrio na questão de gênero. Todos os dados estão dispersos nos vários textos do Primeiro e do Segundo Testamentos, que aqui são enfatizados positivamente. Elenquemos alguns pontos.

• **Igualdade originária entre homem e mulher** – Esse princípio é claríssimo na primeira página da Bíblia, no Livro do Gênesis: "Deus criou o ser humano a sua imagem, macho e fêmea Ele os criou" (Gn 1,27). Curiosamente a mulher não é tirada da cabeça do homem para ser sua senhora, nem dos pés, para ser sua serva, mas do lado (costela), para ser sua companheira, um *vis-à-vis* a Adão. Portanto, a mulher não é, primeiramente, geradora de descendentes, mas a sua companheira e igual: "é osso de meus ossos e carne de minha carne" (Gn 2,23). No Segundo Testamento, centrado na figura de Cristo, São Paulo faz a seguinte afirmação: "não há homem nem mulher, todos são um em Cristo Jesus" (Gl 3,28).

• **Diferença e reciprocidade entre o homem e a mulher** – Dentro da igualdade de origem se instaura a diferença, entendida como abertura um ao outro; vale dizer, como reciprocidade. O relato mais arcaico do Gênesis (2,18-23), de tendência geral fortemente masculinizante, acentua essa reciprocidade. O modismo hebraico para expressar essa mutualidade vem expresso pelas palavras de Adão, citadas acima: "eis alguém que é osso de meus ossos e carne de minha carne" (Gn 2,23). O próprio Paulo pôde expressar essa reciprocidade: "o marido cumpra o dever conjugal para com a mulher e, igualmente, a mulher para com o marido" (1Cor 7,4).

• **O homem e a mulher, caminhos para Deus** – Se homem e mulher são imagem e semelhança de Deus, isso significa que Deus é refletido e encontrado neles. Aprofundando o conhecimento do humano, sob a forma do masculino e do feminino, surpreendemos Deus cuja natureza apresenta as qualidades positivas dos princípios masculino e feminino e seus respectivos valores, embora transcenda os sexos.

Em termos rigorosos da teologia, quando dizemos Deus-Pai não pensamos uma coisa diferente do que quando dizemos Deus-Mãe. Por pai e mãe pretendemos teologicamente expressar que a vida humana, na forma masculina e feminina, e a inteira criação, têm sua origem em Deus, sempre sob seu cuidado e providência amorosa. Isso pode ser expresso perfeitamente pela categoria de pai e de mãe. Portanto, temos sempre um caminho aberto para Deus, pela via do masculino e pela via do feminino.

Diminuindo o valor da mulher, como se fez sob o patriarcado, distorcemos a imagem que fazemos de Deus. Ficando exclusivamente com o homem, encontramos não um pai amoroso, mas um juiz justiceiro. A incorporação da expressão Deus-Mãe devolve o equilíbrio perdido, e dessa forma a visão de Deus é mais completa e adequada à nossa realidade. Destruindo o equilíbrio entre o homem e a mulher perde-se o caminho verdadeiro que nos conduz ao Deus-Mãe e Deus-Pai, ambos de infinito amor e bondade. Perdendo a verdadeira representação de Deus deteriora-se o sentido derradeiro de todas as coisas, quando não as distorce.

• **O homem e a mulher, caminhos de Deus para nós** – A expressão "imagem e semelhança" (ser humano) remete ao modelo (Deus). Se Deus mesmo tem dimensões masculinas e femininas, então é sob essa forma que Ele se revelou e se autocomunicou na história. Emerge como uma Mãe criadora primordial que cuida e consola (Is 66,13), incapaz de esquecer o filho de suas entranhas (Is 49,15; Sl 25,6; 116,5). Surge um Pai bondoso que acompanha e protege, abrindo espaços e nos conduzindo pelos caminhos verdadeiros da justiça e do bem. Combinando as duas expressões permitimos a nós mesmos uma compreensão mais englobante e adequada de Deus; não obstante Ele/Ela permanecer sempre um mistério insondável.

O feminino e o masculino mostram-se como caminhos de Deus para nós.

• **A maneira cristã de nomear Deus** – Há ainda uma maneira de nomear Deus, específica do cristianismo, que é na forma de Trindade de divinas Pessoas: Pai e Filho e Espírito Santo. As Pessoas significam relações de reciprocidade, de comunhão, de mutualidade, de inclusão; numa palavra, de amor. A teologia criou uma palavra técnica para essa misteriosa e amorosa realidade: *pericórese*, que em grego significa a interpenetração de cada uma das divinas Pessoas nas outras.

Deus emerge como um jogo de energias originárias e eternas que somente existem na medida em que coexistem e estão eterna e reciprocamente relacionadas. São permanentemente umas para as outras, com as outras, pelas outras e jamais sem as outras. Nenhuma delas pode ser tomada em separado sem as outras; onde está uma estão simultaneamente as outras.

Como aclaramos acima, realiza-se a *pericórese*, vale dizer, a inter-retro-relação e interpenetração das Pessoas divinas entre si. Não é mais o monoteísmo estrito de judeus e muçulmanos pré-trinitário, que também é dominante no campo da filosofia e das ciências do humano quando se aborda a questão da Última Realidade, de Deus.

O cristianismo vai além, pois professa um *monoteísmo trinitário*. Ele funda outro tipo de unidade divina, não dada previamente, mas surgindo eterna e simultaneamente na forma trinitária, sempre se construindo pelo jogo de reciprocidades e de inclusões. Por isso dizemos que a essência íntima de Deus não é a solidão do Uno, mas a comunhão de três Únicos que pela relação recíproca se unificam, ficam um único Deus-amor-relação-comunhão (cf. BOFF, L. *A Trindade, a sociedade e a libertação*. Petrópolis: Vozes, 1999).

Num *nível existencial*, quando dizemos Trindade, no fundo queremos dizer: o Deus que está acima de nós chamamos de Pai, o Deus que está ao nosso lado chamamos de Filho, e o Deus que está dentro de nós chamamos de Espírito Santo. Não são três deuses, porque sendo cada Pessoa única, não pode ser multiplicada. O único não é número; é a absoluta singularidade, permanentemente inter-relacionada.

As divinas Pessoas são distintas para poderem se relacionar, e a relação é tão radical e infinita, que constituem um único Deus-relação-amor.

Pelo fato de em Deus haver diversidade e unidade, sua imagem e semelhança no mundo, o homem e a mulher, apresentam-se sob a forma de diversidade e unidade. Unidade, na mesma essência humana; diversidade, na maneira como se realiza concretamente. Torna-se impossível pensar o feminino sem o masculino e o masculino sem o feminino. Ambos estão sempre imbricados, construindo a realidade complexa e dual do ser humano.

• **O homem e a mulher em Deus** – Por mais que estejam inarredáveis e inevitavelmente envolvidos mutuamente e se busquem insaciavelmente, o homem e a mulher não encontram a resposta de seu vazio abissal nessa relação recíproca. O ser humano, homem e mulher, constitui, por sua natureza e essência, um projeto infinito que se expressa por uma estrutura desejante também infinita. Este dado ontológico de base, portanto, pertencente à sua essência, deixa-se experimentar como um vazio infinito que somente o Infinito de Deus pode preenchê-lo. Ambos, homem e mulher, são, pois, chamados a se autotranscender na direção do Infinito, que pode realmente saciá-los.

Ali repousam e se perdem no interior do infinito Amor e da eterna Ternura. É a pátria e o lar da completa identidade e da total realização. O feminino encontrará o Feminino fontal e o masculino o Masculino abissal. Dar-se-á o que todos os mitos narram e todos os místicos testemunham: o esponsal definitivo, o festim eterno e a fusão do amado e da amada no Amado e na Amada transformados, na expressão do místico São João da Cruz, que chega ao arroubo de dizer: todos seremos "deus por participação".

4
Deus: Pai maternal e Mãe paternal

No capítulo anterior foram consideradas as consequências de se dizer que o ser humano foi criado, na linguagem bíblica, como macho e fêmea (Gn 1,27). Tal afirmação implica reconhecer que as qualidades do masculino e do feminino se enraízam na própria realidade de Deus.

Deus está, efetivamente, para além dos sexos. Mas a sexualidade, em suas duas formas de expressão, é mais do que *fatos* constitutivos; implica principalmente *valores* e *excelências*, que em nós se dão na forma finita, mas que em Deus se dão na forma infinita. Nessa realização, mesmo finita, reside a sacralidade de todo ser humano: base de sua dignidade e de todos os direitos humanos.

Pensando em termos cosmogênicos: a evolução alcançou tal ponto de complexidade e de direção, que o próprio universo através de uma porção dele, que é o ser humano, sente-se também habitado por Deus. Dito em outras palavras, através da consciência humana acerca de Deus, é o próprio universo que também participa dessa consciência, logicamente a seu modo, diverso daquele do ser humano.

Como vamos nomear essa descoberta da consciência? As tradições religiosas deram mil nomes diferentes à misteriosa Realidade. Nenhum nome (Javé, Eloim, Alá, Shiva, Olorum, Inti, Quetzalcoatl, Tao, *Abba*-Paizinho), entretanto, o define e lhe é adequado; Ele desborda todos os conceitos. Seu verdadeiro nome não se encontra em nenhum dicionário. O mais sensato, como asseveram os místicos, é calar e guardar o nobre silêncio. "Sobre o que não podemos falar, é melhor calar", sentenciava o filósofo Ludwig Wittgenstein. No entanto, esta Suprema Realidade nos perpassa tão profundamente e em todos os níveis que nos sentimos forçados a falar dela, a dançar diante dela, a inventar celebrações e ritos que, de alguma forma, simbolicamente, a trazemos para dentro de nossa realidade.

Tanto o silêncio quanto a fala, como também outras formas de expressão, existencialmente querem representar Deus como aquela terníssima Realidade e aquele Sentido amoroso capaz de preencher a incompletude do ser humano e responder pelo mistério da existência de todas as coisas, do universo estrelado até da simples bactéria que se esconde debaixo da terra. Deus só tem sentido existencial se irromper de nossa insaciável saudade e do nosso radical desejo, que para Aristóteles e Freud é infinito. Deus, nos seus muitos nomes e símbolos, responde por essa incansável busca humana e mata a saudade infinita por uma Presença infinita.

Generalizando, ousamos dizer que essa Suprema Realidade (o *Reale realissimum* dos pensadores medievais) foi expressa, como já consideramos, na cultura matriarcal na figura da Grande Mãe divina. Mas, entre nós, predominou a cultura patriarcal na figura do Pai todo-poderoso (como se reza no Credo: "Creio em Deus Pai, todo-poderoso, criador do céu e da terra"). Então, Deus comparece claramente como masculino. Consequentemente, todas as grandes religiões históricas, no contexto do patriarcado, são estruturadas ao redor no código masculino.

Entretanto, com a nova consciência que estamos adquirindo, tais linguagens precisam ser despatriarcalizadas, desmasculinizadas e desmachificadas, se quisermos ter uma experiência totalizante do divino. Nisso as mulheres podem ser nossas mestras e doutoras, já que guardam em seu inconsciente coletivo a herança da cultura matriarcal anterior, que corrige e remodela a nossa, patriarcal.

É assegurado cientificamente o fato de que houve uma fase matriarcal da humanidade, ocorrida há cerca de 20 mil anos. As divindades eram todas femininas. Tal reconhecimento significou uma virada na reflexão teológica. Hoje só fazemos justiça à nossa experiência do divino se a traduzirmos simultaneamente em termos masculinos e femininos.

Deus emerge numa linguagem inclusiva como Pai maternal e como Mãe paternal, como Deus-Ele e de Deus-Ela no dizer de muitas feministas. Obviamente, "Deus" ultrapassa tais determinações; no entanto, vigoram valores positivos presentes nesta forma de nomeá-lo/la. Masculino (*animus*) e feminino (*anima*) são princípios estruturadores de nossa identidade.

Estimo, no entanto, como pretendem alguns teólogos e teólogas, que não podemos renunciar à palavra "Deus" em razão do rico significado semântico de sua origem sânscrita (*di*) e do grego (*theós*): a luminosidade que se irradia em nossa vida (o significado de *di* em sânscrito, donde vem a palavra dia) ou a solicitude para com todos os seres, queimando com sua bondade toda malícia, qual fogo purificador (o sentido originário do *theós* grego).

As mulheres impuseram a si mesmas esta tarefa: como pensar o divino, a revelação, a salvação, a graça, o pecado a partir da experiência delas mesmas; vale dizer, a partir do feminino? No contexto da Teologia da Libertação, a questão é: como pensar Deus, e tudo o que lhe diz respeito, a partir da mulher pobre, negra e oprimida?

Nesse campo houve contribuições notáveis. Antes de mais nada, as mulheres mostraram quão patriarcal e machista é o discurso dito normal e oficial das Igrejas, penetrando na catequese, nos símbolos litúrgicos e até na teologia erudita. Raramente os teólogos (homens) se conscientizaram de seu lugar social-sexual-patriarcal.

A teologia ainda dominante constitui uma elaboração que os homens, como tais, fizeram e ainda fazem do divino. Normalmente a teologia masculina é racional, conceitual, abstrata, e pouco espiritual, na busca permanente de um sistema coerente ou de uma arquitetônica do saber religioso. A teologia feminina, em distinção, é mais narrativa, marcada pela inteligência cordial e pela espiritualidade. Do coração ela passa à cabeça, e esta cria, inventivamente, uma forma própria das mulheres: tratar as pessoas com mais sentido de cooperação, de cordialidade, de cuidado e de respeito.

A partir da experiência do feminino, o discurso teológico ficou mais existencial, inclusivo e integrador do cotidiano. Uma coisa é dizer Deus-Pai. Nessa palavra ressoam ancestrais arquétipos ligados à ordem, ao poder, à justiça, a um plano divino. Outra coisa é dizer Deus-Mãe. Nessa invocação ressoam experiências originárias e desejos arcaicos de aconchego, de útero acolhedor, de misericórdia e de amor incondicional.

Onde a religião do Pai introduz o castigo e o inferno, a religião da Mãe faz prevalecer a misericórdia e o perdão. No fundo, expressa aquilo que o Papa Francisco ousou dizer, em uma reunião com cardeais, que Deus não conhece uma condenação eterna; esta limitaria sua misericórdia que, por ser divina, não conhece limite algum. O Papa João Paulo I escandalizou a Cúria Romana ao afirmar, em uma de suas homilias: "Deu é Pai, mas principalmente é Mãe". Esse linguajar que soava como não convencional e não tradicional se alinha, no entanto, ao modo feminino de nomear Deus, como as teólogas feministas comprovam.

Melhor faríamos se usássemos a linguagem inclusiva: Deus-Pai e Mãe de infinito amor e incomensurável bondade, ou o Pai maternal e o Deus paternal.

Releva recordar o que afirmamos anteriormente: o feminino e o masculino são caminhos da humanidade *para Deus* e caminhos *de Deus* para a humanidade. Só temos um acesso integral a Deus:

mediante o feminino e o masculino, pois eles "são à sua imagem e semelhança".

Já C.G. Jung e Paul Ricoeur observaram que a dimensão do masculino e a do feminino ultrapassam o âmbito da razão. Entram na dimensão do profundo, incognoscível; vale dizer, do mistério. Há, portanto, certa afinidade entre a realidade Deus e a realidade feminino/masculino, porque ambas são mistério. Deus é e sempre será o mistério maior (*semper maior*) e fontal, e nós derivamos apenas sua imagem e semelhança.

Se o feminino/masculino representa perfeições, então se ancora em Deus. Se assim é, o feminino/masculino adquire dimensões divinas.

A teologia planteia ainda uma questão radical: a que são chamados, no plano último de Deus, o feminino e o masculino? Esta questão é irrenunciável.

Numa formulação extremamente abstrata e generalista, mas verdadeira, podemos dizer: todas as religiões, por caminhos os mais diversos, prometem uma plenitude e uma eternização da existência humana, masculino/feminina. Serão deus por participação, no dizer dos místicos e das místicas. Será uma fusão com a Suprema Realidade, que é amor e jogo de relações recíprocas.

O cristianismo soma-se a essa compreensão bem-aventurada, chamando-a de o Reino da Trindade. Nesse Reino já estão o masculino eternizado na Pessoa do Filho, que se encarnou em nossa existência, e o feminino também eternizado, porque foi espiritualizado pelo Espírito Santo na mulher Míriam de Nazaré.

Algo nosso, de nossa contraditória humanidade, portanto, está definitivamente divinizado. Nossos irmãos e irmãs, e o inteiro universo, conhecerão, a seu tempo, semelhante plenitude, cada um conforme lhe cabe e que lhe foi predestinada.

5
As mulheres despertaram a dimensão de *anima* em Jesus

Jesus pode crescer em conhecimento e ser ensinado? Não é Ele o Filho eterno do Pai, encarnado em nossa condição humana, ambígua, marcada por luz e por sombra, por conhecimento e ignorância? E como Filho de Deus não tinha acesso a todo saber e a toda ciência? Não é o que dizem as Escrituras cristãs.

Antes de tentar uma resposta, importa enfatizar o fato singularíssimo de que o Filho do Pai entrou no mundo através de uma mulher, Míriam de Nazaré. Sobre ela veio o Espírito Criador e permaneceu definitivamente nela (Lc 1,35). Isso significa que Míriam/Maria foi elevada à altura da divindade. Foi assumida pelo Espírito de tal sorte, que o Evangelista Lucas, com razão, pôde dizer: "por isso, o Santo gerado será chamado Filho de Deus" (Lc 1,35). Somente alguém que está à altura de Deus pode gerar um Filho de Deus. O evangelista usa o mesmo verbo "armar a tenda" (= morar definitivamente) aplicado à Míriam, que São João aplica à encarnação do Verbo (Jo 1,14: "armou sua tenda entre nós"). Como o Verbo se encarnou em Jesus, o Espírito se espiritualizou em Maria. Ambos foram divinizados, cada um a seu modo.

Sem uma mulher não teria havido encarnação do Filho do Pai. E sem o Filho do Pai encarnado, nós humanos estaríamos ainda no Primeiro Testamento, como filhos e filhas da esperança por um Messias libertador. A primeira Pessoa divina a ser enviada ao mundo não foi o Filho do Pai; foi o Espírito Santo, espirado pelo Pai e pelo Filho (ou através do Filho). Depois do *fiat* de Maria, de sua aceitação da vinda do Espírito sobre ela, criou-se a condição de o Filho vir até nós e fazer-se humano.

Num momento da história, é uma Mulher que ocupa o lugar central: nela está o Espírito gerando o Filho do Pai, que assume a nossa humanidade. Nela estão presentes as duas Pessoas divinas, o Espírito e o Filho, sob o olhar amoroso da Pessoa do Pai que, com Ele constituem a Santíssima Trindade.

Respondendo à questão se Jesus podia aprender e crescer em experiência e conhecimento, podemos afirmar: o Primeiro Testamento documenta que "Jesus crescia em *sabedoria*, idade e graça diante de Deus e dos homens" (Lc 2,52). Mais explicitamente diz o autor da Epístola aos Hebreus: "Embora fosse Filho de Deus, *aprendeu* a obedecer por meio dos sofrimentos que teve" (Hb 4,8). E continua o mesmo autor: "passou pelas mesmas provações que nós [...] dirigiu preces e súplicas, entre clamores e lágrimas, àquele que o podia salvar da morte" (4,15; 5,7).

A encarnação do Filho do Pai implica que Ele assumiu toda nossa existência humana, com suas contradições, com os arquétipos ancestrais sombrios e luminosos e os processos naturais de construção da própria identidade: nos dois primeiros anos de existência, como nos explicam os psicólogos e psicanalistas, teve que elaborar na linguagem freudiana o "Complexo de Eletra", a relação para com sua mãe, e depois para com seu pai e parentes (o Complexo de Édipo), pois esse é o caminho percorrido por todos.

Os evangelhos apócrifos (hoje cada vez mais valorizados pelos estudiosos por representarem a forma popular de explicar quem é

Jesus) referem-se às traquinagens do Menino Jesus na escola com seu mestre e com seus coleguinhas. O Homem de Nazaré passou por todas essas fases do crescimento humano até a idade adulta. Por isso, a experiência lhe ensinou a ser aquilo que foi e que se apresentou ao público quando começou sua missão.

Nele estavam presentes o masculino (*animus*) e o feminino (*anima*), dois princípios que estruturam a nossa percepção do mundo e comportamentos face aos outros. A dimensão de *anima* responde pela sensibilidade, pela ternura, pela capacidade de intuições e de captação de mensagens presentes nos fatos. Essa dimensão está no homem e na mulher; porém, mais densamente na mulher. O *animus* responde pela racionalidade, pelo rigor, pela capacidade de abrir caminhos e superar dificuldades. Essa dimensão do *animus* se dá na mulher e no homem; nele com mais intensidade.

As mulheres despertaram e alimentaram a dimensão de *anima* em Jesus. Por isso, era terno para com as crianças e sensível a todos os que sofriam, mostrava especial preferência aos pobres e destituídos, sua capacidade de amizade com Lázaro e de amor a Marta e a Maria e, como veremos, a Maria Madalena.

Convém recordar que Jesus era judeu, e não cristão, e inserido na cultura de sua família e de seu tempo. Mas, surpreendentemente, rompeu com o antifeminismo presente nos textos do Primeiro Testamento.

Considerando-se sua gesta e palavras, percebe-se que Ele se mostrava sensível a tudo o que pertencia à esfera do feminino, em contraposição aos valores do masculino cultural, centrado na submissão da mulher. Nele se encontram, com frescor originário, sensibilidade, capacidade de amar e perdoar, ternura para com as crianças, para com os pobres e compaixão para com os sofredores deste mundo, abertura indiscriminada a todos, especialmente a Deus, chamando-o de Paizinho querido (*Abba*). Emblemática é sua palavra, conservada no Evangelho de São João: "se alguém vem a mim, eu não o mandarei embora" (Jo 6,37). Podia ser um publicano, um fariseu, um cobrador de impostos, um doente desesperado que gritasse no caminho por ajuda, um oficial romano, uma prostituta e até mesmo um teólogo como Nicodemos, que foi na calada da noite conversar com Ele. A todos acolhia com compreensão e eles se retiram com uma experiência de alívio e libertação.

Jesus vivia cercado de discípulos, homens e mulheres. Desde o início de sua peregrinação como pregador ambulante, mulheres o seguiam e cuidavam, com feminilidade, de suas necessidades (Lc 8,1-3; 23,49; 24,6-10; cf. SCHLÜSSER-FIORENZA, E. *Discipulado de iguais* – Uma ekklesia-logia feminista crítica da libertação. Petrópolis: Vozes, 1995).

Em razão da utopia que pregava – o Reino de Deus –, que é uma libertação de todo tipo de opressão, quebrou vários tabus que pesavam sobre as mulheres. Contra o *ethos* do tempo, conversou publicamente e a sós com uma herege samaritana, causando perplexidade aos discípulos (Jo 7,53–8,10). Deixou-se tocar e ungir os pés por uma conhecida prostituta, Madalena (Lc 7,36-50). São várias as mulheres que foram beneficiadas com seu cuidado, como a sogra de Pedro (Lc 4,38-39), a mãe do jovem de Naim, ressuscitado por Ele (Lc 7,11-17), igualmente a filhinha morta de Jairo, oficial romano (Mt 9,18-29), a mulher corcundinha (Lc 13,10-17), a pagã siro-fenícia, cuja filha, psiquicamente doente, foi libertada (Mc 7,26), e a mulher que há 12 anos sofria de hemorragia (Lc 8,43-44). Todas elas foram curadas. Aqui transparece sua dimensão de *anima*, de compaixão para com os sofredores.

Em suas parábolas citou como exemplo as mulheres, especialmente pobres, como a que extraviou a moeda (Lc 15,8-10), a viúva que depositou dois trocados no cofre do templo, e era tudo o que tinha (Mc 12,41-44), a outra viúva, corajosa, que enfrentou o juiz (Lc 18,1-8) e a mulher siro-fenícia que enfrentou Ele próprio (Mc 7,26). Nunca eram apresentadas como discriminadas, mas com toda sua dignidade, à altura dos homens.

A crítica que Jesus faz da prática social do divórcio, pelos motivos mais fúteis e a defesa do laço indissolúvel do amor (Mc 10,1-10), tem seu sentido ético de salvaguarda da dignidade da mulher.

Algo admirável importa ser referido: as mulheres nunca traíram Jesus, como o fez Pedro, ou o abandoram como seus discípulos, que após sua crucificação, estavam voltando, desolados, para casa na Galileia. Elas ficaram perto enquanto Jesus agonizava na cruz. Seus nomes são referidos: "Maria Madalena, Salomé e Maria, mãe de Tiago Menor e de José" (Mc 15,40). São João é ainda mais preciso: "Junto à cuz de Jesus estavam de pé sua mãe, a irmã de sua mãe, Maria de Cléofas e Maria Madalena" (Jo 19,25). Foram essas que, "passado o sábado, compraram aromas para ungir Jesus" (Mc 16,1). Maria Madalena, a mais apaixonada, "veio ao sepulcro, bem de madrugada, quando ainda era escuro" (Jo 20,1) e se defrontou com o sepulcro vazio.

Foram as mulheres, especialmente "Maria Madalena e a outra Maria" (Mt 28,1), que testemunharam, por primeiro, a ressurreição de Jesus, e correram para contar aos apóstolos (Mc 16,9; Lc 24,1; Mt 28,1; Jo 20,2). Por essa razão São Bernardo disse que "as mulheres foram apóstolas para os apóstolos".

O fato de as mulheres terem sido sempre fiéis a Jesus, de jamais o terem traído e abandonado, e de terem sido as primeiras a testemunhar o fato maior do cristiansimo, que é a ressurreição, deveria ter tido grandes consequências para a Igreja posterior. Mas nada disso ocorreu. Elas continuaram, dentro dos cânones da cultura patriarcal, a serem marginalizadas na Igreja e, por um longo tempo, sequer terem tido cidadania eclesial plena. Portanto, as mulheres foram decisivas para a fé cristã, fundada na crucificação e na ressurreição de Jesus. Elas estavam lá, e tal fato precisa ganhar sua devida relevância teológica e eclesial, o que, lamentavelmente, ainda não ocorreu.

Se admiramos a sensibilidade feminina de Jesus (a dimensão da *anima*), seu profundo sentido espiritual da vida, a ponto de ver sua ação providente do Pai em cada detalhe da vida como nos lírios do campo, nas aves do céu, na figueira, nos trigais e no destino das sementes que dão tipos diferentes de frutos, então devemos também supor que Ele aprofundou essa dimensão (já presente em sua humanidade) a partir de seu contato com as mulheres com as quais conviveu. Jesus também aprendeu, não só ensinou. As mulheres com sua *anima* despertaram vivamente a *anima* de Jesus e completaram o seu *animus*, o seu masculino.

Resumindo, a mensagem e a prática de Jesus significam uma ruptura com a situação imperante e a introdução de um novo paradigma de relação, fundado não na ordem patriarcal da subordinação, mas no amor como mútua doação, que inclui a igualdade entre a mulher e o homem. A mulher irrompe como pessoa, filha de Deus, destinatária do sonho de Jesus e convidada a ser, junto com os homens, também discípulas e membros de um novo tipo de humanidade.

Um dado de pesquisa recente confirma essa constatação. Dois textos, chamados evangelhos apócrifos, *Evangelho de Maria* (MIRYAM DE MÁGDALA. *Evangelho de Maria*. Tradução e comentário de J.-Y. Leloup. Petrópolis: Vozes, 2006) e *Evangelho de Felipe* (LELOUP, J.-Y. *O Evangelho de Felipe*. Petrópolis: Vozes, 2006) mostram uma relação extremamente afetiva de Jesus. Como homem, Ele viveu as dimensões da *anima* e do *animus*. Tal experiência está incluída no mistério da encarnação do Verbo.

No primeiro texto se diz que Ele entretinha uma relação especial com Míriam de Mágdala, chamada de "companheira" (*koinónos* em grego), e Pedro confessa: "Irmã, nós sabemos que o Mestre te amou diferentemente das outras mulheres" (p. 111). Levi reconhece que "o Mestre a amou mais do que a nós". Ela vem apresentada como a sua principal interlocutora, comunicando-lhe ensinamentos subtraídos aos discípulos. Das 46 perguntas que os discípulos colocam a Jesus, depois de sua ressurreição, 39 são feitas por Míriam de Mágdala (MIRYAM DE MÁGDALA. *Evangelho de Maria*, p. 25-46).

O Evangelho de Felipe diz: "[...] acompanhavam sempre o Mestre: Maria sua mãe, e Míriam de Mágdala, que é conhecida como sua companheira porque Míriam é para Ele uma irmã, uma mãe e uma esposa (*koinónos*)" (LELOUP, J.-Y. *O Evangelho de Felipe*. Petrópolis: Vozes, 2006, p. 71). Mais adiante afirma: "O Senhor amava Maria mais do que todos os demais discípulos e a beijava com frequência na boca. Os discípulos, ao verem que a amava, perguntavam-lhe: "Por que amas a ela mais do que a todos nós? O Redentor lhes respondeu: O quê? Eu não devo amá-la tanto quanto a vocês?" (p. 89).

Embora tais relatos possam ser interpretados no sentido espiritual dos gnósticos, pois essa é sua matriz, não devemos, dizem reconhecidos exegetas (cf. PIÑERO, A. *El otro Jesús*: la vida de Jesús en los apócrifos. Córdoba, 1993 p. 113 e o já citado LELOUP, J.-Y.), excluir um fundo histórico verdadeiro, a saber: uma relação concreta e carnal de Jesus com Maria de Mágdala, base para o sentido espiritual. Por que não? Há algo mais sagrado do que o amor efetivo entre um homem (o Filho do Homem, Jesus) e uma mulher?

Um dito antigo da teologia afirma: "tudo aquilo que não é assumido por Jesus Cristo não é também redimido". Se a sexualidade, também expressa numa relação marital, não tivesse sido assumida por Jesus, não teria sido redimida. A dimensão sexuada de Jesus não tira nada de sua dimensão divina. Antes, a torna concreta e histórica. Mostra o seu lado profundamente humano, como todos nós.

Posteriormente, em árdua e longa reflexão teológica, tentando decifrar quem era finalmente Jesus, chamando-o com mil títulos: Mestre, Profeta, Filho do Homem, Messias... acabaram por concluir: "humano assim como Jesus, só Deus mesmo", e começaram a assumi-lo como o Filho de Deus, encarnado em nossa complexa humanidade.

Essa profunda humanidade de Jesus se deve, seguramente, em considerável porção, às mulheres que o acompanharam, foram suas discípulas, o admiraram e o amaram, ajudando-o a ser mais plenamente humano, enriquecendo sua dimensão de *anima*.

6
A salvaguarda da vida passa pelo poder das mulheres

No mundo inteiro as mulheres passaram a galgar altos cargos na administração pública e chegam até a ser chefes de Estado ou primeiras-ministras. Geralmente demonstram indiscutível densidade ética e com uma compreensão da política como virtude a serviço do bem comum, e não como técnica de conquista e uso do poder em benefício pessoal ou de oligarquias.

Elas emergem num momento especial da história do Planeta Terra e da humanidade. Se pensarmos numa perspectiva ecológica radical, chegaremos à conclusão, como afirmam notáveis cosmólogos e biólogos, de que o sujeito principal das ações não somos nós mesmos, num antropocentrismo e sociocentrismo convencional, mas é a própria Terra, entendida como superorganismo vivo, dotado de sentimentos, inteligência senso de equilíbrio e de propósito.

Sabiamente é através das mulheres que a Grande Mãe, Terra, está nos falando e advertindo sobre as ameaças que pesam sobre o futuro da vida e sobre a urgência de encontrar formas mais suaves e respeitosas de habitá-la, de produzir e de consumir, que lhe preservem e confiram a sustentabilidade necessária. Esse tipo de relação amorosa é imprescindível para ela poder continuar viva e nos dar tudo do que necessitamos para existir e reproduzir.

Esse novo estado da Terra passa predominantemente pelas mulheres, e menos pelos homens. Estes, depois de séculos de arrogância, estão mais interessados em garantir seus negócios do que salvar a vida e proteger o planeta. Nos encontros internacionais sobre ecologia, aquecimento global, preservação das águas e das florestas, entre tantos outros, eles geralmente se mostram indiferentes e absolutamente despreparados para lidar com temas ligados à vida e à salvaguarda da Casa Comum.

Neste momento crucial de graves riscos são invocados aqueles sujeitos históricos que estão, pela própria natureza, mais bem preparados a assumirem missões e ações ligadas à preservação e ao cuidado da vida. São precipuamente as mulheres, e só em seguida seus aliados: aqueles homens que tiverem integrado em si as virtudes da *anima*, do feminino.

A evolução as fez profundamente ligadas aos processos geradores e cuidadores da vida. Elas são as pastoras da vida e os anjos da guarda dos valores derivados da dimensão da *anima* (do feminino na mulher e no homem) que são, repetindo e enfatizando: o cuidado, a reverência, a cooperação, a solidariedade, a capacidade de captar, nos mínimos sinais, mensagens e sentidos, sensíveis aos valores espirituais como a doação, o amor incondicional, a renúncia em favor dos outros, e abertura ao sagrado.

O feminismo mundial trouxe uma crítica fundamental ao patriarcado que nos vem desde o neolítico. O patriarcado originou instituições que ainda moldam as sociedades mundiais, especialmente a instauração da razão instrumental-analítica, fundada na fria razão (*ratio* e *logos*) que sufocou a razão sensível ou cordial (*pathos* e *eros*), que separa natureza e ser humano e que levou à dominação sobre os processos da natureza de forma tão devastadora que se manifesta hoje pelo aquecimento global, pela escassez de água potável e pela erosão de quase todos os ecossistemas. Criou o Estado e sua burocracia, organizado em especial nos interesses dos homens; projetou um estilo de educação que reproduz e legitima o poder patriarcal; organizou exércitos e inaugurou a guerra. Afetou outras instâncias como as religiões e as Igrejas, cujos deuses ou atores são quase todos masculinos.

O "destino manifesto" do patriarcado é o do *dominium mundi* (a dominação do mundo), com a pretensão de fazer-nos "mestres e donos da natureza" (Descartes). Não é mais o *frater universalis* (o irmão universal), mas o *dominus omnium* (o senhor de tudo), solitário porque distanciado da comunidade da vida e dos outros seres humanos.

Atualmente os homens (varões) se fizeram vítimas do "complexo de deus", no dizer do eminente psicanalista alemão Karl Richter. Assumiram tarefas divinas: dominar a natureza e os outros, organizar toda a vida, conquistar os espaços exteriores e remodelar a humanidade.

Isso foi demais. Não deram conta da carga que se propuseram carregar. Sentem-se um "deus de araque", que sucumbe ao próprio peso, especialmente porque projetou uma máquina de morte capaz de erradicá-lo da face da Terra. Ele configura o burro trágico de Nietzsche que está caído pelo demasiado peso que carrega e que, por isso mesmo, não consegue se levantar.

É agora que se faz urgente a atuação salvadora da mulher. Damos razão a um texto, escrito anos atrás, do Fundo das Nações Unidas para a População: "A raça humana vem saqueando a Terra de forma insustentável, e dar às mulheres maior poder de decisão sobre o seu futuro pode salvar o planeta da destruição". Observemos que não se diz "maior poder de participação", coisa que os homens concederam, mas de forma subalterna. Aqui se afirma: "poder de *decisão* sobre o seu futuro". Essa *decisão* deve ser assumida pelas mulheres, incorporando nela os homens como companheiros conscientes dos riscos que corremos, pois, caso contrário, poremos em xeque o nosso futuro; seja como espécie, seja como ensaio civilizatório.

Esse é o significado profundo, diria messiânico e providencial, da missão redentora e libertadora das mulheres. Ou elas assumem decididamente essa missão, ou todos nós poderemos, como nos tempos de Nóe, desaparecer.

Conclusão

O caminho adiante

"A saudade de Deus e a força dos pequenos" (na história e na natureza) se apresentam como duas realidades decisivas para o destino de nossa história presente.

Efetivamente, o vazio existencial e o cansaço que se nota nas sociedades mundiais remetem a uma plenitude que se traduz por uma saudade daquele que pode nos concedê-la: a Realidade de mil nomes e de nenhum nome; Deus e seu mistério.

Há grande e generalizada opressão neste vasto mundo. Os pequenos, aqueles que menos contam socialmente, são as principais vítimas, e vítimas também são os pequeníssimos seres vivos sob o solo, que garantem a vitalidade e a fertilidade da Mãe Terra.

Há uma força escondida nos pequenos humanos que lhes permite sobreviver e se organizar para alcançar as pequenas utopias de poder alimentar-se minimamente, de ter um pouco de água tratada, de morar melhor do que os animais, conviver pacificamente no seu lugar e com seus vizinhos, não se sentir ameaçado por violências indiscriminadas e balas perdidas; por fim, poder se alegrar um pouco no encontro com amigos. Para esses, Deus é geralmente uma grande presença na vida. Dizem que sem Ele não conseguiriam sobreviver. Esses pequenos não têm saudades de Deus porque já o tem em suas vidas, em suas orações, em suas igrejas, em seus centros religiosos, em seu linguajar e especialmente em seus corações.

Os outros pequenos microscópicos sob a Terra, não obstante o envenenamento pelos pesticidas e agrotóxicos, também resistem. Sua força é tão grande que, num eventual conflito nuclear que exterminaria grande parte da biosfera, eles sobreviveriam e garantiriam um futuro mínimo para a vida.

Importa estar do lado dos que mostram ter saudade de Deus, por vezes não explicitada, mas concretizada por aquilo que vem do Eterno: saudade de ser saudável, de ter um amor verdadeiro, de uma justiça mínima, de se sentir seguro, da Presença que supere sua solidão atroz e o desamparo existencial, apesar de possuírem mais do que o necessário para viver e sobreviver.

Deus não está morto. Ele apenas está invisível, escondido e vivo sob os desejos e sonhos que enunciamos acima. Está atuando como força de resistência e de esperança nos pobres e feitos invisíveis; estes que, segundo o Livro do Apocalipse, "vêm da grande tribulação" (7,14), os amados de Deus, cansados de tanto lutar, sofrer e chorar. Mas, enfim, "Deus lhes enxugará toda a lágrima dos olhos" (Ap 7,17) e, bem-aventurados, serão introduzidos no Reino da Trindade.

Sendo vivo e Deus da vida, Ele está atuando também nesse incomensurável universo das bactérias, fungos e vírus, os mais pequenos entre os menores, sustentando-lhes a vida e fazendo que sejam a base da nossa vida e da vida de toda a natureza. Eles não precisam saber nada disso, mas cumprem sua missão no desígnio divino, que é garantir todo tipo de vida. Eles terão o seu lugar na transfiguração do universo, pois tudo o que Deus criou e amou será preservado e elevado à sua máxima perfeição.

Deus não está em nenhum lugar, porque está em todos. Como a luz do sol, Ele se dá indistintamente a todos, a bons e a maus, a justos e injustos, e até mesmo "é bondoso para com os ingratos e maus", pois "é um Pai misericordioso" (cf. Lc 6,35-36).

Sendo assim, o caminho avante está aberto. Importa caminhar com destemor. Nesse sentido fazemos nossas as palavras finais da *Carta da Terra*, documento apoiado pela Unesco (2003): "Que o nosso tempo seja lembrado pelo despertar de uma nova reverência face à vida, pelo compromisso firme de alcançar a sustentabilidade, pela intensificação da luta pela justiça e pela paz, e pela alegre celebração da vida".

Não menos animadoras são as palavras finais do Papa Francisco em sua Encíclica *Laudato Si' – Sobre o cuidado da Casa Comum* (2015): "Para além do Sol: caminhemos cantando, que as nossas lutas e a nossa preocupação pelo Planeta Terra não nos tirem a alegria da esperança" (n. 244).

Assim o queira Deus e nos acompanhe sempre seu Espírito Criador.

Livros de Leonardo Boff

1 – *O Evangelho do Cristo Cósmico*. Petrópolis: Vozes, 1971. • Reeditado pela Record (Rio de Janeiro), 2008.

2 – *Jesus Cristo libertador*. Petrópolis: Vozes, 1972.

3 – *Die Kirche als Sakrament im Horizont der Welterfahrung*. Paderborn: Verlag Bonifacius-Druckerei, 1972 [Esgotado].

4 – *A nossa ressurreição na morte*. Petrópolis: Vozes, 1972.

5 – *Vida para além da morte*. Petrópolis: Vozes, 1973.

6 – *O destino do homem e do mundo*. Petrópolis: Vozes, 1973.

7 – *Experimentar Deus*. Petrópolis: Vozes, 2012 [Publicado em 1974 pela Vozes com o título *Atualidade da experiência de Deus*].

8 – *Os sacramentos da vida e a vida dos sacramentos*. Petrópolis: Vozes, 1975.

9 – *A vida religiosa e a Igreja no processo de libertação*. 2. ed. Petrópolis: Vozes/CNBB, 1975 [Esgotado].

10 – *Graça e experiência humana*. Petrópolis: Vozes, 1976.

11 – *Teologia do cativeiro e da libertação*. Lisboa: Multinova, 1976. • Reeditado pela Vozes, 1998.

12 – *Natal*: a humanidade e a jovialidade de nosso Deus. Petrópolis: Vozes, 1976.

13 – *Eclesiogênese* – As comunidades reinventam a Igreja. Petrópolis: Vozes, 1977. • Reeditado pela Record (Rio de Janeiro), 2008.

14 – *Paixão de Cristo, paixão do mundo*. Petrópolis: Vozes, 1977.

15 – *A fé na periferia do mundo*. Petrópolis: Vozes, 1978 [Esgotado].

16 – *Via-sacra da justiça*. Petrópolis: Vozes, 1978 [Esgotado].

17 – *O rosto materno de Deus*. Petrópolis: Vozes, 1979.

18 – *O Pai-nosso* – A oração da libertação integral. Petrópolis: Vozes, 1979.

19 – (com Clodovis Boff) *Da libertação* – O teológico das libertações sócio-históricas. Petrópolis: Vozes, 1979 [Esgotado].

20 – *O caminhar da Igreja com os oprimidos*. Rio de Janeiro: Codecri, 1980. • Reeditado pela Vozes (Petrópolis), 1988.

21 – *A Ave-Maria* – O feminino e o Espírito Santo. Petrópolis: Vozes, 1980.

22 – *Libertar para a comunhão e participação*. Rio de Janeiro: CRB, 1980 [Esgotado].

23 – *Igreja*: carisma e poder. Petrópolis: Vozes, 1981. • Reedição ampliada: Ática (Rio de Janeiro), 1994; • Record (Rio de Janeiro) 2005.

24 – *Crise, oportunidade de crescimento*. Petrópolis: Vozes, 2011 [Publicado em 1981 pela Vozes com o título *Vida segundo o Espírito*].

25 – *São Francisco de Assis* – ternura e vigor. Petrópolis: Vozes, 1981.

26 – *Via-sacra para quem quer viver*. Petrópolis: Vozes, 1991 [Publicado em 1982 pela Vozes com o título *Via-sacra da ressurreição*].

27 – *O livro da Divina Consolação*. Petrópolis: Vozes, 2006 [Publicado em 1983 com o título de *Mestre Eckhart*: a mística do ser e do não ter].

28 – *Ética e ecoespiritualidade*. Petrópolis: Vozes, 2011 [Publicado em 1984 pela Vozes com o título *Do lugar do pobre*].

29 – *Teologia à escuta do povo*. Petrópolis: Vozes, 1984 [Esgotado].

30 – *A cruz nossa de cada dia*. Petrópolis: Vozes, 2012 [Publicado em 1984 pela Vozes com o título *Como pregar a cruz hoje numa sociedade de crucificados*].

31 – (com Clodovis Boff) *Teologia da Libertação no debate atual*. Petrópolis: Vozes, 1985 [Esgotado].

32 – *A Trindade e a sociedade*. Petrópolis: Vozes, 2014 [publicado em 1986 com o título *A Trindade, a sociedade e a libertação*].

33 – *E a Igreja se fez povo*. Petrópolis: Vozes, 1986 (esgotado). • Reeditado em 2011 com o título *Ética e ecoespiritualidade*, em conjunto com *Do lugar do pobre*.

34 – (com Clodovis Boff) *Como fazer Teologia da Libertação?* Petrópolis: Vozes, 1986.

35 – *Die befreiende Botschaft*. Friburgo: Herder, 1987.

36 – *A Santíssima Trindade é a melhor comunidade*. Petrópolis: Vozes, 1988.

37 – (com Nelson Porto) *Francisco de Assis – homem do paraíso*. Petrópolis: Vozes, 1989. • Reedição modificada em 1999.

38 – *Nova evangelização*: a perspectiva dos pobres. Petrópolis: Vozes, 1990 [Esgotado].

39 – *La misión del teólogo em la Iglesia*. Estella: Verbo Divino, 1991.

40 – *Seleção de textos espirituais*. Petrópolis: Vozes, 1991 [Esgotado].

41 – *Seleção de textos militantes*. Petrópolis: Vozes, 1991 [Esgotado].

42 – *Con La libertad del Evangelio*. Madri: Nueva Utopia, 1991.

43 – *América Latina*: da conquista à nova evangelização. São Paulo: Ática, 1992 [Esgotado].

44 – *Ecologia, mundialização e espiritualidade*. São Paulo: Ática, 1993. • Reeditado pela Record (Rio de Janeiro), 2008.

45 – (com Frei Betto) *Mística e espiritualidade*. Rio de Janeiro: Rocco, 1994. • Reedição revista e ampliada pela Vozes (Petrópolis), 2010.

46 – *Nova era*: a emergência da consciência planetária. São Paulo: Ática, 1994. • Reeditado pela Sextante (Rio de Janeiro) em 2003 com o título de *Civilização planetária*: desafios à sociedade e ao cristianismo [Esgotado].

47 – *Je m'explique*. Paris: Desclée de Brouwer, 1994.

48 – (com A. Neguyen Van Si) *Sorella Madre Terra*. Roma: Ed. Lavoro, 1994.

49 – *Ecologia* – Grito da terra, grito dos pobres. São Paulo: Ática, 1995. • Reeditado pela Record (Rio de Janeiro) em 2015.

50 – *Princípio Terra* – A volta à Terra como pátria comum. São Paulo: Ática, 1995 [Esgotado].

51 – (org.) *Igreja*: entre norte e sul. São Paulo: Ática, 1995 [Esgotado].

52 – (com José Ramos Regidor e Clodovis Boff) *A Teologia da Libertação*: balanços e perspectivas. São Paulo: Ática, 1996 [Esgotado].

53 – *Brasa sob cinzas*. Rio de Janeiro: Record, 1996.

54 – *A águia e a galinha*: uma metáfora da condição humana. Petrópolis: Vozes, 1997.

55 – *A águia e a galinha*: uma metáfora da condição humana. Edição comemorativa – 20 anos. Petrópolis: Vozes, 2017.

56 – (com Jean-Yves Leloup, Pierre Weil, Roberto Crema) *Espírito na saúde*. Petrópolis: Vozes, 1997.

57 – (com Jean-Yves Leloup, Roberto Crema) *Os terapeutas do deserto* – De Fílon de Alexandria e Francisco de Assis a Graf Dürckheim. Petrópolis: Vozes, 1997.

58 – *O despertar da águia*: o dia-bólico e o sim-bólico na construção da realidade. Petrópolis: Vozes, 1998.

59 – *O despertar da águia*: o dia-bólico e o sim-bólico na construção da realidade. Edição especial. Petrópolis: Vozes, 2017.

60 – *Das Prinzip Mitgefühl* – Texte für eine bessere Zukunft. Friburgo: Herder, 1999.

61 – *Saber cuidar* – Ética do humano, compaixão pela terra. Petrópolis: Vozes, 1999.

62 – *Ética da vida*. Brasília: Letraviva, 1999. • Reeditado pela Record (Rio de Janeiro), 2009.

63 – *Coríntios* – Introdução. Rio de Janeiro: Objetiva, 1999 (Esgotado).

64 – *A oração de São Francisco*: uma mensagem de paz para o mundo atual. Rio de Janeiro: Sextante, 1999. • Reeditado pela Vozes (Petrópolis), 2014.

65 – *Depois de 500 anos*: que Brasil queremos? Petrópolis: Vozes, 2000 [Esgotado].

66 – *Voz do arco-íris*. Brasília: Letraviva, 2000. • Reeditado pela Sextante (Rio de Janeiro), 2004 [Esgotado].

67 – (com Marcos Arruda) Globalização: desafios socioeconômicos, éticos e educativos. Petrópolis: Vozes, 2000.

68 – *Tempo de transcendência* – O ser humano como um projeto infinito. Rio de Janeiro: Sextante, 2000. • Reeditado pela Vozes (Petrópolis), 2009.

69 – (com Werner Müller) *Princípio de compaixão e cuidado*. Petrópolis: Vozes, 2000.

70 – *Ethos mundial* – Um consenso mínimo entre os humanos. Brasília: Letraviva, 2000. • Reeditado pela Record (Rio de Janeiro) em 2009.

71 – *Espiritualidade* – Um caminho de transformação. Rio de Janeiro: Sextante, 2001. • Reeditado pela Mar de Ideias (Rio de Janeiro) em 2016.

72 – *O casamento entre o céu e a terra* – Contos dos povos indígenas do Brasil. São Paulo: Salamandra, 2001. • Reeditado pela Mar de Ideias (Rio de Janeiro) em 2014.

73 – *Fundamentalismo*. Rio de Janeiro: Sextante, 2002. • Reedição ampliada e modificada pela Vozes (Petrópolis) em 2009 com o título *Fundamentalismo, terrorismo, religião e paz*.

74 – (com Rose Marie Muraro) *Feminino e masculino*: uma nova consciência para o encontro das diferenças. Rio de Janeiro: Sextante, 2002. • Reeditado pela Record (Rio de Janeiro), 2010.

75 – *Do iceberg à arca de Noé*: o nascimento de uma ética planetária. Rio de Janeiro: Garamond, 2002. • Reeditado pela Mar de Ideias (Rio de Janeiro), 2010.

76 – *Crise*: oportunidade de crescimento. Campinas: Verus, 2002. • Reeditado pela Vozes (Petrópolis) em 2011.

77 – (com Marco Antônio Miranda) *Terra América*: imagens. Rio de Janeiro: Sextante, 2003 [Esgotado].

78 – *Ética e moral*: a busca dos fundamentos. Petrópolis: Vozes, 2003.

79 – *O Senhor é meu Pastor*: consolo divino para o desamparo humano. Rio de Janeiro: Sextante, 2004. • Reeditado pela Vozes (Petrópolis), 2013.

80 – *Responder florindo*. Rio de Janeiro: Garamond, 2004 [Esgotado].

81 – *Novas formas da Igreja*: o futuro de um povo a caminho. Campinas: Verus, 2004 [Esgotado].

82 – *São José*: a personificação do Pai. Campinas: Verus, 2005. • Reeditado pela Vozes (Petrópolis), 2012.

83 – *Un Papa difficile da amare*: scritti e interviste. Roma: Datanews Ed., 2005.

84 – *Virtudes para um outro mundo possível* – Vol. I: Hospitalidade: direito e dever de todos. Petrópolis: Vozes, 2005.

85 – *Virtudes para um outro mundo possível* – Vol. II: Convivência, respeito e tolerância. Petrópolis: Vozes, 2006.

86 – *Virtudes para um outro mundo possível* – Vol. III: Comer e beber juntos e viver em paz. Petrópolis: Vozes, 2006.

87 – *A força da ternura* – Pensamentos para um mundo igualitário, solidário, pleno e amoroso. Rio de Janeiro: Sextante, 2006. • Reeditado pela Mar de Ideias (Rio de Janeiro) em 2012.

88 – *Ovo da esperança*: o sentido da Festa da Páscoa. Rio de Janeiro: Mar de Ideias, 2007.

89 – (com Lúcia Ribeiro) *Masculino, feminino*: experiências vividas. Rio de Janeiro: Record, 2007.

90 – *Sol da esperança* – Natal: histórias, poesias e símbolos. Rio de Janeiro: Mar de Ideias, 2007.

91 – *Homem*: satã ou anjo bom. Rio de Janeiro: Record, 2008.

92 – (com José Roberto Scolforo) *Mundo eucalipto*. Rio de Janeiro: Mar de Ideias, 2008.

93 – *Opção Terra*. Rio de Janeiro: Record, 2009.

94 – *Meditação da luz*. Petrópolis: Vozes, 2010.

95 – *Cuidar da Terra, proteger a vida*. Rio de Janeiro: Record, 2010.

96 – *Cristianismo*: o mínimo do mínimo. Petrópolis: Vozes, 2011.

97 – *El planeta Tierra*: crisis, falsas soluciones, alternativas. Madri: Nueva Utopia, 2011.

98 – (com Marie Hathaway) *O Tao da Libertação* – Explorando a ecologia da transformação. 2. ed. Petrópolis: Vozes, 2012.

99 – *Sustentabilidade*: O que é – O que não é. Petrópolis: Vozes, 2012.

100 – *Jesus Cristo Libertador*: ensaio de cristologia crítica para o nosso tempo. Petrópolis: Vozes, 2012 [Selo Vozes de Bolso].

101 – *O cuidado necessário*: na vida, na saúde, na educação, na ecologia, na ética e na espiritualidade. Petrópolis: Vozes, 2012.

102 – *As quatro ecologias: ambiental, política e social, mental e integral*. Rio de Janeiro: Mar de Ideias, 2012.

103 – *Francisco de Assis* – Francisco de Roma: a irrupção da primavera? Rio de Janeiro: Mar de Ideias, 2013.

104 – *O Espírito Santo* – Fogo interior, doador de vida e Pai dos pobres. Petrópolis: Vozes, 2013.

105 – (com Jürgen Moltmann) *Há esperança para a criação ameaçada?* Petrópolis: Vozes, 2014.

106 – *A grande transformação*: na economia, na política, na ecologia e na educação. Petrópolis: Vozes, 2014.

107 – *Direitos do coração* – Como reverdecer o deserto. São Paulo: Paulus, 2015.

108 – *Ecologia, ciência, espiritualidade* – A transição do velho para o novo. Rio de Janeiro: Mar de Ideias, 2015.

109 – *A Terra na palma da mão* – Uma nova visão do planeta e da humanidade. Petrópolis: Vozes, 2016.

110 – (com Luigi Zoja) *Memórias inquietas e persistentes de L. Boff.* São Paulo: Ideias & Letras, 2016.

111 – (com Frei Betto e Mario Sergio Cortella) *Felicidade foi-se embora?* Petrópolis: Vozes Nobilis, 2016.

112 – *Ética e espiritualidade* – Como cuidar da Casa Comum. Petrópolis: Vozes, 2017.

113 – *De onde vem?* – Uma nova visão do universo, da Terra, da vida, do ser humano, do espírito e de Deus. Rio de Janeiro: Mar de Ideias, 2017.

114 – *A casa, a espiritualidade, o amor.* São Paulo: Paulinas, 2017.

115 – (com Anselm Grün) *O divino em nós.* Petrópolis: Vozes Nobilis, 2017.

116 – *O livro dos elogios*: o significado do insignificante. São Paulo: Paulus, 2017.

117 – *Brasil* – Concluir a refundação ou prolongar a dependência? Petrópolis: Vozes, 2018.

118 – *Reflexões de um velho teólogo e pensador.* Petrópolis: Vozes, 2018.